シュタイナーの感覚論にもとづく発達心理学の観点から

不安げな子・寂しげな子・落着きのない子のために

Henning Köhler.
Von ängstlichen traurigen und unruhigen Kindern :
Grundlagen einer spirituellen Erziehungspraxis

9. Auflage 2019
Verlag Freies Geistesleben,
Landhusstrasse 82, 70190 Stuttgart
ISBN 978-3-7725-2726-5

はじめに

本書は１９９４年にドイツで出版されて以来ベストセラーを続け、日本では２００２年に耕文舎から、子どもの教育に携わる方々のため、勉強会用に翻訳・配布されたものです。

この度、各方面からの要望を受け、広く社会に向けて、イザラ書房より装いも新たに出版されることとなりました。出版にあたり、アントロポゾフィー医の小林國力先生に医学的な記述の翻訳をはじめ、多くの助言をいただきましたこと、また原本最新版の序文翻訳にあたり、井手芳弘氏、村上進氏、松浦園氏に協力いただきましたことに感謝いたします。

私は障がい児などの困難を抱える子どもたちの個別療法に、長年にわたり携わった経験を通して、彼らから多くを学ばせてもらいました。周りの人々（教育者、父母など）が子どもたち一人ひとりに関心を持ち、その奥に秘められたそれぞれの子ども自身の輝き・尊さを信じられた時、その眼差しの下で子どもは変わります。

子どもの教育に関わる方々、父母や教師、大人たち、多くの方々にこの本を手に取っていただき、この時代の中で、何ができるか、今一度大人たちの責任として考える時、この本が力となり子どもたちの健やかな成長にあたたかい眼差しと共に、深い理解が及ぶことを祈ります

２０２３年10月25日　アントロポゾフィーに基づく絵画造形療法士・吉澤明子

目次

第8版への序文

本書は、これまでにドイツ語版として3万部が販売され、他にもいくつかの言語に翻訳されて出版されました。私の本の中で、これほど広まったものはありません。若い頃に書かれた文章であるのは感じられるかと思います。しかし、出版から20年を経た今も、感覚についての理論、並びに基本的感覚分野の不安定さからくる行為や発達の偏りを、一般の人たちが理解するための手引きとして通用するかと思います。

私がこの本で、感覚の成熟と社会的な感情の発達との関係について述べ、感覚を育むことは教育者の内なる態度の問題ではないと説明したことは、当時はとても新しいことでした。私は、漠然とした恐怖を触覚に、落ち着きのなさと慢性的な不満を生命感覚に、憂鬱と接触の欠如を運動感覚に、感情の極端な揺れ——現代では「双極性障害」と呼ばれている——をバランス感覚に関連付けました。これらは因果関係にはありませんが、少なくとも相関関係にはあります。この大まかな分類と、そこから導き出された教育的治療ガイドラインは、実践によって、その価値が認められました。寄せられた多くの方々からの声が、それを物語っています。

しかし、詳しく観察すればするほど、物事の複雑さが分かってきます。今のところ、私は基本的な感覚を、自分自身が知覚できる身体的なもの、感情的で他との交流にかかわるもの、霊的なもの、の3つに分けて考えています。その場合、幼児期において、認識しながら感じる能力が、基本的な感覚の成熟に、どのように影響を与えるかを考慮しなければなりません。例えば自分の動きを感じる感覚は、音楽や言語を理解する生まれ持った能力と密接にかかわることで「他と共に動く感覚」へと変容します。私は近いうちに、これらの関係についても執筆するかもしれません。しかし、当面のところは、公開されている講演の録音を聞いていただくしかありません。[1]

この本が、こんなに多くの人々に読まれた理由は、天使について、普段そのような存在との関係性に思い至らない人たちにも受け入れられる言葉で、率直に語っているからでしょう。そのことは、ネット上のレビューが証明しています。天使の働きについては、第5版への序文を読んでいただきたいと思います。

〝橋の番人からの問いかけ〟は、驚くほどの広がりを見せています。多くの人がこの演習を通して、無力感から脱出する方法を見いだしました。もはやあらゆる選択肢が尽きたように見えたときに、再び行動できる存在になれるのです。言い換えれば、行動の舞台を移すこと、教育によって内的な領域へと関われるようになることです。

2014年春　ヘニング・ケーラー

第5版への序文

本書は7年前に出版されました。これまでに約2万部が販売され、いくつかの言語（オランダ語、イタリア語、フランス語、英語）に翻訳されましたので、ささやかな成果と言えるでしょう。多くの人が、これほど実践とのかかわりの深い本はないと言ってくださっています。私はそれについて部分的に同意します。実践の概念に内的な行為も含めれば――それはアントロポゾフィーの核となる願いですが――私の後の著書『〝難しい〟子どもはいない』と『私たちは何を間違えたのか？』の方が、明らかに、より実践的な示唆を与えてくれます。それらはいわば演習のための本です。この『不安げな子・寂しげな子・落着きのない子』もその一部は演習のための本ですが、主として、感覚教育と感覚心理学に関して、広く一般の方に理解していただくガイドブックです。そういうものとして、いくつかの新しい点がこの本では強調されています。

感覚論を深めていく事柄はすべてそのまま提示されています。もし、私がこの本を再度書くとすれば、感覚生理学に関しての章をいくつか付け加えるかもしれません。神経学的な観点は別の書物、例えば米国の作業療法士、A・ジーン・エアーズ博士の『子どもの成長の基礎』などに見出すことができます。しかし、そのような書物は、霊的な人間観に基づいて書かれてはいない、ということを常に意識しておくことが大切です。事実は単なる事実にすぎない、と思い込むことは最も大きなまやかしです。精神の光を当てることでのみ、現実が生まれるのです。例えば神経生物学の還元主義の理論で深部感覚のシステムとして捉えられているものは、アントロポゾフィーの感覚論では自律的及び他律的な運動と関連付けられていますが、それらは全く違うものです。

さらに、ある特別な事情についてご説明しなければなりません。この本と、この後に出版された本『〝難しい〟子どもはいない』との間に、私は内的な大きな変化を体験しました。そのため私は、教育的な見方と考え方を新たに構築し直さなければなりませんでした。短い間にすべての事柄が不確かなものになり、その後、あらためてそれが確かなものになっていくのを感じました。とても多くの子どもたちが今日、不当にも、障害、病気、欠損というレッテルを貼られています。本当は彼らの魂は霊的に高いレベルにあるのです。今までただ知識として受け取っていて、どちらかというと比喩的なものとして捉えていたルドルフ・シュタイナーの言葉が、とても具体的にこの方向を指し示していた、ということに今やっと気がつきました。

私たちの元にいる新しい子どもたちは未来の使者であり、未来を託された存在です。彼らがもたらすもの、苦しむものは、霊的なレベルまで拡大された世界観によってのみ理解することができます。隠された関係性は、突然明らかに示されるわけではありません。私は、認識の壁に突き当たり、その壁の前に座り込んで、その向こう側で起きていることを垣間見られる、めったにない小さなチャンスを待ち続けている、普通の探求者にすぎません。そして、彼だけではありませんが、特にルドルフ・

シュタイナーは、私が垣間見たものに少なくとも示唆を与えてくれます。新しい子どもたちに関して、〈キリストの間近にある〉とシュタイナーが語った言葉はとても重要な意味を持ちます。それは、《エーテル的な中にいる》、つまりその子どもたちには溢れる形成力と、無限の造形の可能性がある、ということです。最も深い境界の体験の印象を携えて地上に降りてきた子は、現代の文化的生活の中に存在する氷の塊を溶かすことが、その重要な使命であるにもかかわらず、精神的、社会的な空気に冷たいショックのようなものを感じます。そのとき、私たちの現実世界に接している超感覚的な世界を、純粋な愛の力によって満たすことは、受肉した魂の支えにならないはずはありません。私たちは今までに体験したことのない精神的な末路状態、ナチスの蛮行によって引き起こされた、かつてない精神的高揚という意識の歴史と、ヨゼフ・ボイスが言うところの《キリスト的可能性》、もしくは《温かさの進化》と呼んだものが現れ始めた、矛盾した意識の時代のただ中にいます。シュタイナーはこのことを正確に、現代の世界に向けて予言していました。彼は唯物的精神（《アーリマン》）の勝利について語っていましたが、それと同時に、その背後で、心のこもっていない知性や、利便性や機能性が重んじられた時代精神からの回帰も含んだ、心で思考する精神性の到来にも言及していました。シュタイナーがさまざまな講演で語っている、「それにふさわしく変化した本質を備えた人間が、どんどん生まれてくるであろう」という箇所の受け取り方、つまり機能障害を持った存在ではなく、新たな意識に適応可能な存在という受け取り方を間違うと、とても大きな勘違いをしてしまうでしょう。

私は機能障害と呼ばれるものの中に、不当に評価されており、それゆえに《救済処置》〔シュタイナーの言葉〕を必要とする、多くの才能も隠されていることを学びました。私たちは障害という型にはまった捉え方を取り去り、シュタイナーや20世紀前半の人々が言及した意識の変革に、実際に取り組まなければなりません。今日、アントロポゾフィーの枠を超えたところで、この方向に関してとても注目すべき努力がなされています。世界のいたるところの専門家の間で、「教育―治療の分野でとても大きな勘違いが蔓延している」との声が上がっています。学術的な権威ある集まりではないところで、私たちはそのことについて共通の意見を持っています。[2] ここで言及されたことに対して何らかの行動を起こせる人は、これらの子どもたちを守る集団の形成に協力してほしいと思います。科学的な根拠があるかのような（しかし、実は誤った）印象を植えつける、とても大きな中傷キャンペーンに抵抗することが重要です。事は深刻です。私たちは興味をそそられる議論に溺れず、一線を越えない領域にとどまっていなければなりません。近代化の第二段階において、どちらの（唯物的な、それとも倫理的・霊的な）人間観が存続しうるのかは、私たちがこの印象的な子どもたちに、どのように向き合うかにかかっています。

8年前この本を執筆していた時、私はこの関係性について漠然としか気づいていませんでした。そのため、障害について記述する言葉を無造作に使っていました。もちろんその際も、これらの子どもたちと彼らの苦悩――今日でも彼らが苦悩しているということについて、否定するつもりはありません。全くその逆です——に対して非常に大きな配慮をもって書いていました。しかし、そこで起きている事への深い気づきはまだなく、どちらかというと、まだベールに覆われている状態でした。そして、少なからぬ間違いを犯し始めていました。「これらの子どもたちは守護天使（その子の超感覚的世界）との結びつきが弱い」という主張の文章を、私は今は受け入れることができません。そのほかにも感覚の発達と天使の働きかけの関係に関する論説がありました。しかし、そのうちに、あまりに一つの視点に偏りすぎて、ほかの観点を見逃していたことに気づきました。それはある見方からすると、私が当時信じていたのとまったく逆の在り方をしていました。これらの子どもたちは、私たちにたくさんの謎を投げかけています。それは天使から示される超意識からのメッセージを、全身全霊を傾けて聴いているか、あるいは、日常的な、感覚に縛られた意識の中で流れる《音楽》の倍音を、非常に鋭敏に感じてしまうからです。また、彼らはこの生来の霊的受容性があることで、《暗い》力——魔物のようなものではなく、唯物的精神が優勢な時代に存在する非社会的な作用である、人と人との間にある殺伐とした破壊的なエネルギーを意味する——によってひどく脅かされています。そういう中では、この新しい子どもたちは、養護されて育てられていても、本来必要な保護が足りていないことがよくあります。彼らの独創性と豊かな才能を認め、彼らを《遺伝子病を持った子孫》遺伝子に起因する脳の代謝障害とは見なさない数少ない人々が周囲にいれば、彼らは我々が最初に思うほど、危険にさらされているわけではありません。

ここで示唆されたこれらの関係性は矛盾するものではなく、むしろその反対で、とても理にかなっています。それは文明化によって現れる発達の困難さと、間近に差し迫る《時代の騒音》により、天使の働きが〈ある領域〉で弱まったことの関連を示しています。ここで〈ある領域〉とは、《自分を感じる覆い》〔ゲオルグ・キューレヴィント〕の領域、つまり、その中でしっかりとした身体感覚が育まれ、地上的な成熟が成し遂げられる領域であり、健康な自己を他から遮断したり、自分を守ったりする領域です。

この本では特に、物質的・身体的な本質に関して天使の働きかけが弱っていることについて書かれています。一方、私の前著『私たちは何を間違えたのか?』では、私たちが見落としがちな面がクローズアップされています。そこに書かれているのは、これらの子どもたちの霊的な芯の強さ、彼らがかつて属していた天の力を保持し、それをも守ろうとする、賞賛すべき勇気、自分を曲げてまで適応することをやめ、大きな危険を冒してでも、地上が人間にとって住める場所であり続けるために必要な種を植える、という決意、などです。どのような考えや試みが、行動障害の子どもたちに向けられたか、に注目してみましょう。彼らの魂の特殊な能力は、今日の生産性重視の社会では価値がありませんが、社会が人間的な未来を持つためには必要であることに注意を向けましょう。すべては偶然?そうとも言えるかもしれませんが。

初めて私の本を読まれる方は、わたしが《天使》について語っていても、宗教の授業の本ではないことを確信してください。天使という言葉を使ったリハビリは、先を読み進めていけば、最初は懐疑的な人でもきっと受け入れていただけるでしょう。

２００１年５月　ヘニング・ケーラー

初版への序文

本書は、１９９１年から１９９２年にかけて行なったいくつかの講演を、出版のために編集し、まとめたものです。文体を読みやすいように整えたり、追記したりはしましたが、聴衆に向けて語り掛けているような自由な雰囲気を持たせるように努力しました。このような文章はもちろん、最初から出版を想定して書かれたものとは比較になりません。きちんと構成された文章を重んじる方にとっては、納得いかない点もあるかと思います。講演や講演録に特有な、繰り返しや立ち戻り、違う話題への逸脱、などがあったりはします。しかしこれらの欠点は、活字になってもなお感じられる、話し言葉の生き生きとした表現によって、少しは補われたと思います。この本のテーマが、このような文体を選んだと言えるかもしれません。その意味は、皆様がこの本を読み進められるうちに、お分かりいただけるかと思います。

講演の文章は、小見出しを必要に応じて補足し、テーマごとにまとまるように編集しています。この本のテーマは、「基本的な感覚を育むこと」にかかわっていますが、この本での私の試みは、この一般的なテーマを、人智学的（アントロポゾフィー的）発達心理学の観点から深めることをとおして、子どもの逸脱したふるまいに見られる類型的特徴を明らかにすること、そしてそこから、教育的実践へ向けての直接的なヒントを引き出すようにすることです。もちろん、教育の実践の場でそのまま使える理論を語っていますが、教育的なノウハウ本ではありません。むしろ、親が自分自身の知識と向き合うように促し、困難な状況にあっても、自分の行動に自信を持てるようにするための本だということが、お分かりいただけるかと思います。子どものセラピストとして、また教育カウンセラーとしての私の最も幸せな瞬間は、「皆さんにはもう、私は必要ありませんね」という言葉とともに親と別れる時です。教育カウンセラーの最も大切な仕事は、親と共に、教育についての人間学と取り組んでいくことです。

この本は、私が設立者のひとりでもある、ヤヌシュ・コルチャック研究所の治療教育部門で、施設の内外のさまざまな出来事において長年にわたり続けられてきた働きについて、あらためて洞察しています。よく訓練された観察と、生き生きとした愛に満ちた人間理解に基づいた教育学を、実践的な心理学的研究の基礎に据えることが、私たちの願いです。ですから〈愛は科学的な思考の中には存在しない〉という考えに立っていては、この本の内容からも、またこの本と深く関係のある私の過去の著作『不安の謎』の《感覚理論への短い旅》の章で述べた内容からも、得るものはないでしょう。

1993年12月　ヘニング・ケーラー

教育実践に関する基本的な事柄

不安げな子・寂しげな子・落着きのない子・不安げな子・寂しげな子・落着きのない子

さあ皆さん、これから私たちは、私自身にとっても教育的観点からも極めて重要であると思われる、「子どもの成長過程における諸問題」を取り上げていくことになりますが、その際、皆さんには、あまり馴染みがないかもしれない見解に慣れ親しんでいただくことになるでしょう。

私たちを正しく導いてくれる主導モティーフが必要であるということ、このことに異論をお持ちの方はいらっしゃらないでしょう。これは日常生活全般においても言えることですし、教育の場においても、また、子どもとの日常的なかかわりにおいても言えることです。もちろん、そこで決定的な役割を演じるのは、まさに愛情にほかなりません。しかしその際、「魂のいとなみと認識行為は互いに相容れないものである」などと信じるような、そのような過ちを犯すべきではありません。その反対こそが真実なのですから。他者に対する愛情が他者を理解したいという欲求に結びついておらず、したがって、そのような理解に基づく正しいかかわり方が見いだされなければ、その愛情には何か本質的なものが欠けているのです。そこからは何も始めることはできません。

夜が助けてくれる

私たちを正しく導いてくれる主導モティーフを深く理解することができれば、それは私たちの内なる視線を、ある特定の方向へ向けてくれます。そして、その方向が適切なものであれば、まさしくそこには、望ましい着想が生まれます。いわゆる道徳的想像力《ファンタジー》が活気づけられ、あれこれの状況下にいる私たちに行動へのヒントを与えてくれるでしょう。正しく理解すること、その多くの部分は考えることをもっぱらとする昼間の意識の務めです。そこでは私たちは、緻密な観察と、主観的な見解の抑制をもって目覚めていなければなりません。生活のあり様を問い直し、事柄の関連を解きほぐして、結論を引き出していかなければなりません。しかし、日常的に実践し得るモティーフや衝動は、たいていの場合、昼間の意識からは生まれません。それは完全に文字どおりの意味で、夜の側から、私たちの内へ流れこみます。理解が創造的な衝動へと変わっていく際には、通常の論理的な思考の他に何かが共に作用しなければなりません。はっきりしているのは、もしも私たちが眠らなければ、この変換は実現されないであろうということです。ある問題に直面しているときに、「ここはひとまず寝ながら考えてみよう」と呟くときがやってくるなら、それは経験に裏づけられた言葉です。その問いは夜のあいだに消えてしまうことはなく、何らかのかたちで作用しつづけることを、皆さんも経験なさっているはずです。翌朝目覚めてみると、その問いに対する答えが、いわば贈り物のように枕もとに置かれているのを、誰もが経験しているはずです。

そのような場合、事柄は次のように推移するでしょう。一般的なものにとどまっているがゆえに実践に移せずにいる考えを、私たちは私たちの内に、何かまったく疎遠なもののように抱えこみます。それは日常的な生活のなかでは対処しようのないものです。私たちはそれを、くる日もくる日も眠りのなかへ持ちこんで、朝がやってくるたびに、明るくなっていく昼間の意識に呼び戻します。そしてある朝、私たちは水晶のように澄んだ考えを携えて目覚めます。そう、ある結論と共に。「やっと分かった。私の子どもに与えてやらなければならなかったのは、これだったのだ。もちろんそうだ。しかしこれほど長いあいだ、私はなぜこのことに気づかなかったのだろう？」皆さんもこのようなことを体験なさってはいませんか？ このようなことは誰もが何度も体験しているはずです。関心がとどかなかったがために、時にはそのいきさつに気づかなかったことがあったとしても。たとえば、いつも聞き分けなく反抗的に振舞う子どもは、実際にはただ何かに脅えているだけなのだということが分かったとき、いったい私たちに何ができるでしょうか？ そのようなことが分かったとしても、状況を変えることはできないのではないでしょうか？ しかし皆さん、毎晩五分間だけ思い浮かべる練習をなさるなら、つまり、聞き分けなく暴れまわっているお子さんの姿を心の内に思い浮かべ、思い浮かべたその姿にご自分を重ねようとなさるなら、皆さんはお子さんの内部を覗きこむことができるでしょう。そしてそこに、不安に襲われ、鳥篭のなかで暴れている小さな小鳥を見るでしょう。毎晩このような映像を携え眠りにつくなら、日常に生じている事柄の何かが次第に変わっていくことでしょう。なぜなら皆さんは、意識的にというのではなく、むしろある新たな勘によって、身の回りの状況にそれまでとは違った反応を示すようになるからです。「あなたの小さな暴れん坊は、本当は何かに脅えているのです」と、ただ誰かに指摘されただけでは、皆さんはたぶん「さて具体的には何から始めたらよいものか」と頭をひねりつづけることになるでしょうが、皆さんの潜在意識は、脅えて暴れている小鳥の映像から、いわばその結論を引き出します。

そうです。そうなれば皆さん、お子さんに話しかけるときの皆さんの口調や声音がいつのまにか変わっていたということが、実際に起こり得ることになるのです。言葉を機関銃のように連射することもなくなり、より静かに、より抑揚豊かに語りかけるようになっているでしょう。また、慌しくうるさい、見通しのきかない状況にお子さんが出くわさないようにと、そう、強烈な印象にお子さんをなるべく晒《さら》さないようにと、いわば本能的・直観的に気をつけるようになっているでしょう。述べましたように、こうしたことはまったく意識していなくても起こり得ます。ですから多くの場合、このような変化に気づくのは皆さんご自身ではなく、むしろ周囲の方々であろうかと思われます。生活に役立つ実際的な結論は、皆さんが夜毎心に思い浮かべた、脅えた小鳥の映像から、皆さんの潜在意識が引き出しました。もちろんこうした結論 ——この言葉にはどこかそぐわないところがありますが——は、じっくり考えれば得られるものかもしれません。しかしある問題が解決したとき、その解決方法のあまりの単純さに、私たちは後になって驚くことが多いのではないでしょうか？

教育カウンセラーとしての私の体験を例に採るなら、親御さんはたいていの場合、カウンセラーによる簡潔な確認（「お子さんが暴れるのは何かに脅えているからです」）を無条件に受け入れることも、そこから実際的な結論を引き出すこともできません。多くの場合、彼らから返ってくる言葉は次のようなものです。「分かりました。私たちの子どもが聞き分けないのは何かに脅えているからなのですね。しかしそれが分かったからといって、私たちは何をすればよいのでしょうか？」このようなとき、カウンセラーには二通りの可能性があります。まずは親御さんに、お子さんとのかかわり方を変えてくださるよう説明することです。このことに関しては大なり小なり分かっていただけます。とはいえ日が経つにつれ、そのかかわり方は再び元に戻ってしまいがちでもあるのですが……。もう一つの可能性は、毎晩、思い浮かべる練習をしていただくよう促すことです。たとえばこのように。「毎晩眠りに入る前、短い時間で結構ですから、次のような映像のなかに入りこんでいくよう試みてください。あなた方のお子さんは一羽の小さな小鳥です。その小さな小鳥は何かに脅えて、鳥篭のなかで羽をバタバタさせて暴れています。それが、聞き分けなく暴れまわっているお子さんの内側の世界なのです。その映像があなた方に何らかのヒントをもたらしてくれるのを、じっと待っていてください」このような仕方で達成されるものは、頭のなかに取りこまれた何らかの知識よりもずっと深いところに由来しています。いわゆる頭の知識というものは、すぐさま行為に移されはするものの、ほとんどの場合、その場かぎりになってしまいがちです。しかし、皆さんも体験することになるでしょうが、実際の生活には適用できそうにもない知識、適用しようと望むことさえできないような知識であっても、それをまじめに根気よく、敢えて言うなら瞑想して、眠りに問いとして委ねるなら、それは、皆さんの習慣を新たにつくり出してくれるものとなるでしょう。また、皆さんはさらに体験することになるでしょう。皆さんご自身の変化しつつある振舞が、まさしく、答えを読み取ることができるようになるのだということを。そう、問いの立て方が理論上のものであったときには、どれほど苦しんでも得られなかったその答えを。皆さん、お分かりでしょうか？　これが根本現象というものであり、この根本現象をもってこそ、私たちは何ごとかを始めることができるのです。そうです。この根本現象は、いわば育成・強化することのできる心理学的現象です。ついでに述べるなら、偽りの装束をまとった誘惑者や扇動者たちも、同じようなやり方で私たちの無意識に働きかけ、私たちを誘惑します。しかし私たちは、このような方法を自分の利益に向けてではなく隣人に向けて、私たちの例では当の子どもに向けて、捉えます。つまり私たちは、昼間の意識のとどかない、私たちの深部に棲む叡智に助けを求めます。しかしその際私たちは、誤謬に陥ることのないよう無私無欲の目的をもって、また、事柄を正しく捉えるべく自らの認識力を総動員して、つねに意識的に行動しなければなりません。問うことを知らない者は、答えを得ることもできません。

天使が応えてくれる？

要するに、すでに私たちには主導モティーフが必要なのです。瞑想しつつ問いかけることのできる映像、眠りのなかに携えていくことのできる映像へと、私たちを導いてくれるモティーフが。子どもの成長障害の人間学的背景に取り組むこと、それは単に勧めるに値するだけのものではない、敢えて言うなら必然的な事柄です。しかしそれだけでは充分ではありません。なぜならそれは、まずは頭の知識でしかないからです。ですからすぐに、次の一歩が問題になります。特に子どもの教育におけるそのような一歩は、頭の知識から、生き生きとした映像に伴われた問いかけを生み出すこと、そしてそれを、私たちが夜毎触れ合う諸存在や諸力のもとへと運んでいくことです。この道の途上に答えを見いだすためには、私たちの純粋な関心と取り組みが欠かせません。子どもの本質を捉えたいという望みが、私たちの内に正しく抱かれていなければなりません。眠りが私たちのために用意してくれているものは、大まかに言うなら、私たちが一定量の準備作業を終えていればこそ得られます。潜在意識は、もちろん、絶対確実な解決策が見つかる安売りマーケットではありません。

皆さんにも肯いていただけることと思いますが、「何かに脅えて暴れている小鳥の映像」という例は、特に神秘的なものでもないし、通常の経験から逸脱しているものでもありません。私はまた、「眠りの側から行動へのヒントを受け取ることができる」とも言いましたが、私たちはその場合——ここは強調しておきたいのですが—— そのヒントをいつも意識的に受け取らなければなりません。しかしこのように述べたことによって、私たちは実際のところ、一度詳しく述べる価値のある普遍的なテーマに触れているのです。私は確信しているのですが、今まで暗示的に述べてきたあれこれの背後には、皆さんには子どもじみて映るかもしれない、ある要件があるのです。確かにそれは、ある見方からすれば子どもじみているとも言えるでしょう。しかし、そうだとしてもその見方は、まじめな、肯定的なものなのです。そうです。私たちには、子どもの守護天使と接触する可能性があるのです。私たちは、子どもの守護天使と眠りのなかで出会うことができるのです。そのような出会いを招き寄せるために、それにふさわしい意識的な準備を正しく行なうことができるならば……。天使という言葉に戸惑いをお覚えになるのであれば、もちろん、無難な言葉を用いることもできます。しかし、なぜですか？　現代に生きる人間には、想像力《ファンタジー》の出番を許さない奇妙な恥じらいをもって、すべてを生命のない灰色の概念に還元してしまう傾向があります。抽象的な科学的言語は、子どもにかかわる事柄においては特にふさわしいものではありません。皆さん、今私が述べたことをどうぞ正しく理解してください。私は天使という言葉を、象徴《シンボル》あるいは隠喩《メタファ》としてではなく、文字どおりの意味で用いています。

意識の発達のためには必然的なことだったのですが、私たち人間は論理的な思考を獲得するために、かつては目に見えない事物や作用にあてがわれていた真実の映像（原像）を、意識から消し去らなければなりませんでした。そしてそのことによって、かつての意識が備えていた生活の智恵を失い、その代わりに客観的な思考能力を手にしたのです。ですから今日の私たちは、この能力を決して手放すことなく、またおろそかにすることなく、かつての大いなる原像、たとえば天使の像へと再び近づいていくよう努めなければなりません。これは、科学的・論理的な論議をするなどして哲学的に行なうことも可能かもしれません。たとえば、「生活の場に機能しているかぎりにおける、神智学的あるいは神秘学的世界観と自然科学的世界観とをつき合わせた上で、後者の方が真実を映し出していると認めるのだとしたら、そこにはどのような正当性が認められるか」などと。この件に関してはすでに多くの論議がなされています。しかし私たちの課題は、そうした科学的・理論的な論議を解説することではありません。皆さん、ここでもう一度言わせてください。天使の実在を認めること、それはある観点からすればとても役に立ちます。ですからそれは、有用性を求めている私たちの世界理解とまさにぴったり重なります。私たちはただ、天使の実在を認めるよう試みればよいのです。

　こう考えてみましょう。「眠りのなかでこそ私たちは、子どもの最も内的な在り方と欲求に出会うことができる」というのは本当なのだ、と。しかし同時に、ふさわしい準備のもとで実際にそれが可能であることを体験し得た人なら、「私たちの潜在意識は何でもできる優れものだ」などと言うわけにはいかなくなることも分かるはずです。私は思うのですが、先に述べた眠りの叡智はさほど単純なものではありません。なぜならそこでは、愛の感情を愛の行為へ変えることを教えてくれる、社会的な叡智が問題になるからです。要するに私はこう考えます。私たちが必要とするヒントを夜のあいだに与えてくれるのは子ども自身なのですが、それは日常のなかの子どもではなく、通常の生活には決して現れてこない存在層にある子どもなのです。私たちはそれを、「高次の自我」と名づけることができます。そこには、子どもの未来に開花しようとするものが、いわば萌芽の状態で存在しています。とはいえ高次の自我というのも、今私たちが念頭に置いている事柄を一般性のなかへ持ちこんでしまいがちな、概念的な構築物にほかなりませんし、そのような概念のもとでは、あれやこれやの勝手な解釈がすべて可能になってしまいます。しかし私たちが、「人間は皆、各々の運命を担ってくれる存在に伴われているのだ、現在の人格の大切な部分をその存在と共有しているのだ」という思いと共に生活するようになるなら、私たちの内に、天使の像を復権させようと望む意識が芽生えてくることでしょう。時代の好みに気配りすることもなくなり、問題の核心を避けて通ることもなくなるでしょう。ミヒャエラ・グレックラーは彼女の著書『両親との問診時間』[3]のなかで、「天使は目には見えません。天使は思い浮かべようとする体験の内にのみ顕れます。天使は自らやってくることはありません。人間の側からこそ能動的に求めなければなりません」と述べています。私たちはこの特異な出来事を、そのようなものとしてそのままに捉え、深く意識的にかかわっていかなければなりません。それ以外には、体験へと通じる道を見いだすことはできません。抽象的な無意識の内に自動的に生じると言われている、同様に抽象的な、心理的回路に向けて問いかけてみても、天使は応えてはくれません。皆さん、お気づきでしょうか？ ここで少し訂正させてください。今まで私は「潜在意識」という言葉を何度か用いてきましたが、それは話し言葉にありがちな、ある暫定的な言い回しでしかありません。もちろん潜在意識は存在しています。しかし一般的な解釈によるこの言葉は、今私たちが取り組んでいる現象を理解するためには、さほど役に立つ言葉ではありません。

ですから、今日私たちは、潜在意識に由来する事柄についてではなく、天使について語っていこうと思います。天使について語る方が分かりやすいし、美しいし、正確です。皆さん、皆さんご自身が強く感じ取った問いかけを携え、天使に向き合われるなら、子どもの天使は皆さんの眠りのなかで、実際的なヒントを与えてくれるでしょう。そのヒントを皆さんは、ご自身の内に、はっきりとした思考内容としてではなく、新たな衝動と動機づけ《モチベーション》として、また、ほとんど気づかれることなく生じる振舞の変化として、あるいはまた、危機的状況のなかで正しく反応する能力として…… 見いだされることでしょう。一定の努力をつづけ、ふさわしい問いかけ方を身につければ、私たちは――すでに映像に伴われた問いかけについて話し合いましたが――いわば天使のメッセージを受け取る感覚器官をつくり出すことができるでしょう。こうしたことに関しても、私たちは、私ももちろん例外ではなく、いろはのいの字から学んでいかなければなりません。しかし努力を重ねていけば誰にでも、そのいろはを滑らかに読める日がやってくるでしょう。ここでもう一度、ミヒャエラ・グレックラーの言葉を引用しましょう。「自分の利益を得ようとする願いではなく、子どもの運命がその目的に応じて実現されるよう心から望む願いはすべて」、子どもの守護天使へ向けての呼びかけとなるのです。

橋の番人からの問いかけ

皆さん、このようなことを思い描いてみてください。眠りにつくとき、皆さんは一本の橋にさしかかります。その橋を渡ればお子さんの守護天使に会えるのですが、その橋の上には一人の番人が立っていて、皆さんに問いかけてきます。その問いに答えられなければ、皆さんはその橋を渡れません。皆さん、その番人は何を問いかけてくると思われますか？　最初の問いかけはこうなるでしょう。「おまえは自分のためにではなく、子どものためにこそ悩み抜いた問題を抱えているか？」そして次の問いかけは、驚かれるかもしれませんが、こうなるでしょう。「おまえは子どもの姿をはっきり思い浮かべているか？」さて、眠りにつく前に子どもの姿をはっきり思い浮かべるというのは、いったいどういうことでしょうか？子どもの姿を具体的に思い浮かべること、それはその子を、昼のあいだに少なくとも一度は――ルドルフ・シュタイナーがかつて語ったように「小さなものへの畏敬の念」をもって――愛情をこめ、注意深く見つめるよう努めなければできることではありません。自分を強く前面に押し出さないよう努めること、主観的な判断、願望、期待、考えを脇に置いてみること、そして密かに見守りつつ、そう、驚きの念をもって、子どものありのままの姿に注意を向けること……、それは愛情がなければできることではありません。あれこれの評価から自由になったまるごとの関心こそが、子どもの姿や振舞に見られる個々それぞれの細部に目を配らせてくれるのです。そしてそのようなときには、「足を引きずるあの歩き方は何だ」といった嘆きには出番がなくなり、あれがあの子の歩き方なのだ、あの子の紛いようのない歩き方なのだと、皆さんはただただ確認することになるでしょう。そして、子どもの弱点や気まぐれに対してさえも、また、日常生活にイライラやゴタゴタを招くようなその他の事柄に対してさえも、一種の慈しみを感じるようになれば、皆さんは正しい道の上にいるのです。

以上の二つが、私たちが思い描いた橋の番人の、私たちに対する問いかけです。ここまでのところは、ほぼ肯いていただけたのではないかと思いますが、では、この問いかけに対する準備として、私たちは具体的に何をどのようにすればよいのでしょうか？皆さん、愚痴をこぼしたりガミガミ叱ったりせずに、お子さんが抱えている問題を根気よく理解するよう努めてください。そしてその際は、皆さんご自身の困惑あるいは近所の方々や先生方の困惑についてあれこれ思い煩わずに、子どもの苦痛は何に因っているのかにこそ思いを致してください。なぜなら私たちには、皆さんもご存じのように、子どもにとってよくないという理由からではなく、自分にとって耐え難い、自分の考えにそぐわないという理由から、問題を取り除いてしまおうとする傾向があるからです。前者と後者とのあいだには著しい相違があるのですが。子どもの苦痛に目を向けるよう心がけるなら、皆さんはやがてこう言い得る地点に到達することでしょう。「子どもの辛さが分かるような気がする」と。細かな点すべてにおいてというのではなく、また、最終的な結論というわけではないにしても、皆さんは気づかれることでしょう。「子どもが抱えている問題のほんの一部をかいま見ることができた」と。

　ここで一つだけ例を挙げましょう。皆さんのお子さんが、文字どおり、まるで自分の皮膚の外へ出たがっているかのように振舞うのを、皆さんもきっと目にしていることでしょう。しかし、そのような振舞をどう捉えるかによって、事柄は大きく異なってくるのです。子どものそのような振舞にいらだちを感じつつ対処するのか、あるいは一定の距離を置いて見守りながら、「子どもは実際のところ、自分の身体と折り合いがつかず、身体に締めつけられ閉じこめられているように感じているのではないか？」と考えるのか、これだけでもすでに大きな違いです。たぶんその子の顔色は青白く、吹き出物も見られるでしょう。その子はすべてを窮屈に感じているようなしぐさをし、さらには、誰が見ても決してきつくはない衣服に対してさえも、きつくて不快だとわめきたてます。さあ皆さん、私たちが描くイメージはこうなるでしょう。「身体に包まれている魂が、ひどく不快な衣服のなかにはめこまれているように感じている。子どもは、自分自身の身体に無理やり押しこまれているように感じており、また同時に、かゆくてたまらない衣服を着せられているように感じている」と。そして、子どもがそのように感じているにもかかわらず私たちは、子どもはもっと愛らしくあるべきだ、聞き分けよくあるべきだと望むのです。皆さん、このような観察から、たとえば子どもに与える食べ物への関心を強められたり、専門家の見解を訊《き》いてみようと思いつかれたりしたなら――というのも、最近の子どもは好きなものを勝手に食べてさえいれば機嫌よくしているのですから――皆さんは皆さんの個人的な好き嫌いでお菓子や動物性蛋白質を減らしたりするのではなく、もっぱら専門的な観点から、子どもにとってよくないものは与えないよう心がけるようになるでしょう。そして、「なんと生意気な聞き分けのない子どもを授かったものか」と煩わしく思うのではなく、こう自問するようになるでしょう。「しかしこのような振舞は、この子の人格形成にとって必要なものなのではあるまいか？本当は行儀よくしていたいのに、このように振舞わなければならないのだとしたら、それはこの子が、自分の身体を自分のものとして感じられずにいるからではないのか？もしそうなのだとしたら、この子は私の助けを必要としているのだ」と。

魂にとって身体が冷たすぎるときは

このような考えにまで到ったなら、皆さんはこのイメージ、「身体に無理やり押しこまれている魂」というイメージを、先ほど述べたような仕方で思い浮かべつつ、夜毎眠りのなかへ持ちこんでいくことができるのです。子どもの観察をないがしろにせずに、これまた先に述べた二つ目の条件を満たしていれば、橋の番人はそのイメージを通行手形と見なしてくれるでしょう。私は今、任意に選んだ一つの例に基づいて述べているだけですので、ここではその瞑想的実践から生じ得る認識については触れずにおこうと思います。さて、魂が身体の内に押しこまれているように感じているのだとすれば、それは極めて単純に考えるなら、魂が身体にとって大きすぎるからです。そうではありませんか？さあ、そうであるなら魂は、いつも身体の境界内に抑えこまれていて外に出ていくことができず、身体の末端部に押しとどめられていることになります。皆さん、お子さんがその独特のしぐさを始めたときには、よく観察してみてください。お子さんは繰り返し伸びをするはずです。急に小さく縮こまったかと思うと、再び身体をぶらぶらさせるでしょう。私たちは手に取るように理解することができます。押しとどめられている何かが外へ出ていこうとしているのに、それができずにいるのです。子どもの魂の体験にとって身体境界があまりにも密でありすぎ、あまりにも硬すぎるからです。拡がろうとする魂のいとなみに向けて適切な環境をつくり出すためには、身体境界はより柔軟でなければなりませんし、より開放的でなければなりません。それは、呼吸する弾力的な境界でなければなりません。

世界に触れようとしている子どもの魂が、外に出ていこうとしてもいつも押し戻されてしまうように感じているのだとしたら、それはいったい何のせいなのでしょうか？　皆さんは今や、「身体にとって大きくなりすぎた魂」というイメージを、また、「突き抜けることのできない身体境界」というイメージをお持ちですが、これだけでもなかなかのものなのです。なぜなら皆さんは、このようなイメージをもって、すでに何ごとかをなすことができるのですから。つまり、充分な観察に基づくこの二つの映像的なイメージを夜毎瞑想している皆さんの内に、「あの子はいつも温かくしていただろうか？」という気遣いが生まれたとしても、何も不思議なことではありません。突然、皆さんは思い到るでしょう。「そういえば、あの子の手足はいつも冷たかった」と。皆さんは取り付かれたように家中を暖かくするでしょう。そして、家族の非難を浴びるなどしながらも、やがて事柄の関連を理解することになるでしょう。

誰の目にも明らかなように、冷たさは硬さと不透過性に結びついていますが、温かさは反対に、柔らかさ、流動性、浸透性をもたらします。魂のいとなみは熱のなかで拡がり、身体はその固有の物質的諸法則に準じて冷たさへと向かいます。魂は自らの熱を身体の隅々まで浸透させることによってのみ、身体との正しい関係をつくり出すことができるのです。ですから、この熱の浸透が内側から生じないようなときには、外側からの働きかけが必要になるのです。熱は魂と同じように、自ら拡がろうとしています。もしも熱がなかったなら、物質界にあるものはすべて硬化してしまうでしょう。魂のいとなみと身体との関係も同様です。魂のいとなみは身体の内に生起していますが、同時に、身体の外へ出ていこうとしています。身体が冷たさのプロセスにあまりにも強く支配されていると、拡がろうとする魂の衝動は単に抑制されるだけでなく、せき止められてしまいます。そして、このせき止められている在り方を、子どもは耐え難い状態として感じ取ります。とりわけ、魂が周囲の世界へ大きく踏み出そうとしている四〜五歳の頃、あるいは、内省的な前思春期に入る前の八〜九歳の頃には。

さて皆さん、皆さんが私たちの例における母親や父親であったならば、こう問うことになるでしょう。「このような状態にある子どもを助けてやるために、私はどのようなことに注意を払えばよいのだろうか?」と。もちろん、皆さんは極めて実際的な手段で、外から熱を与えてやることができます。それは子どもにとってとてもよいことです。とはいえそれは、結果として現れた症状に対する対処法以上のものではありません。私たちはさらに問わなければなりません。「子どもたちは、その身体性を正しく突き抜けることができず、そこに押しこめられていると感じている。しかしそうだからといって、子どもたちの身体が冷たくなる傾向がしばしば症状として現れるのは、いったいなぜなのだろう?」と。

冷たい頭と温かい魂

このように粘り強く取り組んでいけば――ここでことわっておきますが、私はもっぱら現実と重なるであろう一つの例に即して話しています――、皆さんの心のなかに、ある感情が頭をもたげてくることでしょう。そして皆さんはその結果、それまでは肯定的に捉えていた事柄を、つまり、皆さんのお子さんが信じられないほど賢いといった事柄を、居心地よく感じなくなるでしょう。「この子は並外れて頭がよい。才能にも恵まれている。まだ五歳だというのに小学校二年生よりも速く二桁の足し算ができる」皆さんは今までお子さんの頭のよさを誇りに思っていたのですからなおのこと、早く目覚めたその理解力を育むために心を砕き、すべてを詳しく正確に説明してやりました。そして今……、そうしたことが疑わしく感じられるようになったのです。皆さんは新聞や書物の客観的な冷たい表現形式に長いあいだ馴染んでこられましたから、たとえば「知的な冷たさ」という表現も理解することができるはずです。そう、皆さんは気づきます。「この子の手足がいつも冷たいのは、この子がとても賢いこと、あまりにも早く冷たい知的プロセスに引きこまれてしまったことと、もしかしたら関係があるのではないか？」と。

とはいえ私は、理解しようとする思考のすべてを否定的に捉えているのではありません。それはとりわけ、魂のいとなみ、つまり感情の動きの全体が、いわば押し戻されて内的に集約されることに由来する一つの能力です。それ以外ではあり得ません。感情と共に集中し、同時に外界に対して距離を保ってこそ、私たちは明晰に、論理的に考えることができるのです。「頭を冷して」という日常的な言い回しも、筋を通して考えるためには、感情の領域から頭部へ昇ってくる熱の作用を、つまり感覚器官へ入りこもうとする熱の作用を断ち切らなければならないことを表しています。悟性的な明晰さは、一方では自らの魂のいとなみに対して、他方では周辺世界に対して、冷たい距離を保つことを求めます。熱い白熱電球の下で、明晰な考えをまとめることができるでしょうか？　自分自身が当事者となって「熱くなっている」ややこしい問題ついて、明確な像を描くのは何と難しいことでしょう。

こだわりのない頭を自分のものにするために感情の動きを抑えること、また外界とのあいだに適切な距離を置くことを、私たちは是非とも学ばなければなりません。こうしたことを否定的に捉えることなど私にはとうていできません。しかし以上のプロセスを特徴づけようとするなら、自分と世界とのあいだに冷たい領域を生じさせるには、まさに感情の熱を抑えこまなければならないことを見落とすわけにはいきません。これは知的プロセスに伴う必然的な現象です。ですから、子どもがあまりにも早く知的な世界に引きこまれそうなときには、この冷たさのバリケードを乗り越えさせ、周辺世界との接触を与えてやるよう試みなければなりません。さらに子どもたちの場合には、年少であればあるほど、霊・魂のいとなみと身体機能とのあいだには双方向的かつ直接的な対応関係が見られます。魂が私たちが語ってきた、冷たさ、不安、こわばりも、もちろんこの対応関係のなかにあるのです。魂が送り出す熱を押しとどめるプロセスがあること、そしてそのプロセスは成長法則と正面から対立するがゆえに、ある一定の成長段階にある子どもにとっては大きな障害となることを、皆さんはすでに理解し始めているはずです。

「物理的な熱を外から与えるだけではなく、魂を温める教育的な姿勢や振舞について考えることが大切なのだ」と、皆さんはきっとお気づきになるでしょう。そして、試みられることでしょう。「言葉によるコミュニケーションだけではなく、愛情に満ちた身体的接触を大切にしよう。子どもを創造的なプロセスのなかへ導き入れるために、子どもと一緒に歌い、子どもの不自然な身振りを、遊戯的な仕方で、音楽的かつリズミカルな身振りへ振り向けていこう」と。あるいは、理性的な知性にではなく想像力《ファンタジー》に訴える、小さな、興味深い物語を話して聞かせるようになるでしょう。なぜなら、理性の力は身体を冷すのに対して、ファンタジーの力は身体を指の先まで温めてくれるからです。皆さんのお子さんがファンタジーの衝動と創造的な衝動に伴われ、身体性の境界を越えていこうとしているときには、その境界を固定するようなことは決してするべきではありません。子どもの内的な熱を、文字どおり皮膚の表面、指の先まで、誘い出してやらなければなりません。

今まで述べてきた例は、本当に知ろうとする勇気をもって事柄に寄り添い、その上で、やがて生じるであろう直観に耳を傾けようとするなら、私たちは実際どれほどのことができるかを説明するためのものでした。明確な問いかけと子どものありのままの姿を眠りの向こうへ運んでいくなら、そこに生まれるであろう直観は確かなものであるはずです。子どもの天使にめぐり合いたいと望むときには、三つの要件が欠かせないことも分かりました。第一には、人間学的な考え方に内発的に取り組むこと。第二には、小さなものへの畏敬の念をもって綿密に観察すること。そして第三には、このような努力の成果を、毎晩、眠りのなかへ意識的に運びこむこと。つまり眠りにつく前に、子どもに接して何を観察したか、どのような認識を得たかを要約するような仕方で、もう一度明らかにするよう試みることです。子どもの振舞に動揺せざるを得ないようなことがあれば、小児科医や教育カウンセラーに助けを乞わなければならないこともあるでしょう。しかし、専門家に頼らずに自ら苦労して得た答えは、それがどんなに些細なものであっても、私たちが備えていなければならない自信や落着きを、そう、子どものなかにも移っていくことになる自信や落着きを、私たちにもたらしてくれるでしょう。私は思うのですが、専門家は、自らを余計者にしようという明確な意図のもとに、教育問題に取り組んでいくべきなのです。私が今まで述べてきたことはこのような意図のもとにあったのだということを、どうか皆さん、理解してくださるようお願いいたします。

道徳教育とは?

皆さん、これから先は、今日のアカデミックな心理学や教育学では極めて表面的にしか論究されていない、子どもの成長に関連する幾つかの現象について述べさせていただきます。その際皆さんには、今まで述べてきた子どもの守護天使を、これから先もいわば仮説として受け入れていただくようお願いいたします。私は第一に、子どもを見守りつつ子どもの内に働きかけているこの天使を、子どもの人格形成を促す力として、また、そのような力を発揮する実在として特徴づけたいと思います。「天使は、その力が完全に発揮されたときには、理想像の形成あるいはそのための動機づけをもたらしてくれる力なのだ。そしてそのようなものとして、個人と社会とのあいだにある矛盾を解消するための衝動を、私たちに与えてくれる実在なのだ」と。子どもたちが同情心、心遣い、親切心など、人間的な心の動きを見せ始めたなら、それは、私たち大人の道徳観そのものの反映などではありません。私たちはそこに、何よりもまず天使の働きかけを見るべきなのです。もちろんそこには、天使と私たちの働きかけの相互的な作用があるのですが。大人が示す手本を見ながら、子どもは社会的な徳を学びます。しかし、そのような徳に対して子どもが共感を示すようになるのは、いったいなぜなのでしょうか？ お母さんやお父さんに褒めてもらいたいからでしょうか？ このことに関して主張されていることの多くは、現実をよく見た上でのものではありません。それらはもっぱら、物質主義に慣れ親しんだ習慣的な考え方に由来しています。

ルドルフ・シュタイナーは、「道徳を説く教育、道徳的行為を強いる教育は、道徳的内実を身につけつつ成長していく子どもたちの感性を損ない、だいなしにしてしまう」と強く主張しました。大まかな、あるいはこまごまとした道徳的説教は、御都合主義しか生み出しません。自律的な道徳観の形成を、ただただ阻害するものでしかありません。

「今は諦めて他者に譲った方が結局は得なのだ」と教えるような教育は、どの子どもにも備わっているはずの、他者を思う心の芽を摘んでしまうことになるでしょう。「気前よく分け与えればそれ以上の見返りが期待できるのだ。自分の欲求や主張を引っこめた方が結局は自分に有利に働くのだ」などと思わせてしまったなら、子どもたちにまったくでたらめな因果関係を教えこんでしまったことになるのです。他者への配慮という徳は、ご褒美やお仕置きのレベルにまで引きずり下ろされてしまいます。道徳的な行為を強いることでしかないこのような教育は、社会的な感受性を育むことはできず、社会的な徳に反する駆け引き上手な小利口さを身につけさせてしまいます。

道徳を説く教育は、まさにそれ自体の内に矛盾を抱えこんでいます。「子どもたちが社会的な、つまり人と人とのあいだに働くキリスト的な ――キリスト教的というのではない―― 価値判断や振舞を身につけるのは、彼らには大人の期待に応えようとする適応能力が備わっているからだ」と敢えて主張する者は、極めて大切な要件を見落としてしまいます。単なる適応でしかないプロセスから獲得されるものが、道徳であるはずがありません。それはせいぜい偽りの道徳でしかありません。私はこのようなことにかかずらっていたくはありません。時間の無駄でしかない論議はしたくありません。私たちは現実の生活を観察しながら、こう問いましょう。「押しつけるのではなく手本を示すことによって、子どもに社会的な徳を学ばせようとするのはよいとしても、ではそのような徳に対して、子どもが共感を示すようになるのはいったい何によるのだろうか？」

道徳観を育むには、生き生きとした手本が大切なのは確かです。しかし、その手本を喜んで模倣しようとする、打算とは一切かかわりのない力が子どもの内に作用していなかったなら、生き生きとした手本といえども何の役にも立たないでしょう。子どもの内には、決して教えこむことのできない、善きものへの親近感があるのです。しかしこの、根本的なものでありながら内実的にはいまだ漠然としている善きものへの親近感を正しく発現させ得るかどうかは、一重に教育の在り方にかかっています。教育の役割は、少なくとも、この親近感の発現を妨げないようにすることにあるでしょう。

皆さん、聖ニコラウス伝説など、善き人間が偉人あるいは英雄として登場する物語に耳を傾けているときの、子どもたちの目の輝きを見てください。子どもたち、特に学童たちが、両親の善き行ないにいかに嬉しそうに、誇らしげに反応するかを見てください。両親の卑しい行為を誇りに思う子どもなどいるわけがありません。皆さん、「ニコラウスの生き方に心を動かすような子どもは、絶えず道徳を説かれてきた子どもであろう」などとは決してお考えにならないでしょう。魂の在り方を明らかにしようとするとき、そのようにも単純な因果の連鎖に陥ってしまうなら、私たちは何も理解することはできません。

創造的な知覚プロセス

天使は、模倣をとおして善きものへ向かおうとする子どもたちの、その模倣衝動のなかに顕れます。しかし天使は、その模倣衝動に働きかけ得る条件をつくり出すために、子どもの両親とのかかわりのなかで幾つかの準備作業をしなければなりません。とはいえその準備作業は、通常の意味における道徳教育や倫理教育のようなものではまったくありません。繰り返しますが、ここで私たちは極めて重要な、教育的基本モティーフに出会います。道徳教育は、少なくとも十一～十二歳前の子どもの場合には、教え説くといった性質のものであってはなりません。そうではなく、子どもの内に、ある素地をつくり出すものでなければなりません。つまりその道徳教育は、子どもの内に根ざしている善きものへの親近感　――それは幼児期においては、身近な世界に対する不満足感から生じる貪欲な欲求というかたちで現れます――　が、社会を見通す能力へと、あるいは道徳的行為を促す衝動へと、無理なく変容《メタモルフォーゼ》していけるような素地をつくり出すものでなければなりません。そしてそのような素地が培われればこそ、そこには、私たちが考えもしなかったあれこれの反応が見られるようになるのです。

愛情は神秘的な仕方で感じ取られるのではなく、そのための知覚器官によって感じ取られます。言わんとしていることを理解していただくために、例を挙げて述べましょう。皆さん、考えてみてください。皆さんが世界の美しさを讃えることができるのは、そのためにつくり出された感覚器官をお持ちだからです。見たり聞いたりする分野では、それは自明の事柄です。子どもたちは見聞きすることをとおして、驚きの目をみはりつつ美しさに浸ります。そして、純粋な道徳衝動へとメタモルフォーゼしていく内なる模倣能力を発揮しつつ、自ら、美しさに対する能動性を身につけていきます。そうです。正しく育まれた知覚感覚は、正しい表現衝動を促すことになるのです。これは、魂が関与する知覚行為はそもそも創造的な行為である、ということに関連しています。一輪のバラを目にしたとき、何ともいえぬ柔らかな心持ちに包まれ、思わず「何てきれいなんだろう」と呟いたなら、そう、そのバラとのあいだに秘かな触れ合いを感じたことを誇りにさえ思える気持ちが生まれたなら、それは、私たちが私たちの内に、私たちのバラをつくり出すことができたからにほかなりません。見るための目を私たちが持っていること、それは明らかに、私たちの魂の深みにある欲求、創造的な存在でありたいという欲求につながっています。知覚と意志とを分け隔てるために引かれる境界線は、たかだか理論上のものでしかありません。その境界は、現実的にはさほど定かなものではありません。感覚器官はいわば私たちの器なのであり、そこに入りこんでくる外界は、いわば高度な化学プロセスのなかに投げこまれることになるのです。外界から入りこんでくる印象は一度消されて、再び新たに構成し直されます。外界に触れて得られる意識的知覚プロセスは、すべてそのようなかたちで形成されます。人間は外界を忠実に写し出すカメラではありません。人間は、見たこと聞いたことを自分のものにするために、それらを自らの内に新たにつくり出さなければなりません。そうでなければ私たちは、見聞きしたものすべてを、その都度ごとに忘れていってしまうでしょう。

私たちが身につけていく芸術的な技術はすべて、印象を取りこみつつ経験を積んでいく、この生産的な活動に根ざしています。そして私たちは、印象を「一度無にして新たなものをつくり出す」というこの技術の根、知覚プロセスを創造プロセスへと変換させるこの技術の根を、小さな子どもたちの模倣能力のなかに見いだします。ただし皆さん、模倣というものを単なる物真似、あるいは外界をそのまま映し出す鏡のようなものであるとは考えないでください。模倣においては、外界からやってくる像や音は一度完全に変換されてしまいます。そして、その結果そこに現れるのは、それがどれほど似ていたとしても、そもそもの感覚印象とはまったく別のものなのです。このことは、今日ではあまり見られなくなった自然主義絵画と比較することができるでしょう。たとえば、細部に到るまで忠実に描きこまれた一本の木が単なるイミテーションでしかなかったとしたなら、私たちはこう言わなければならなかったでしょう。「これはいったい何のためなのか。どのような場合にせよ、オリジナルの方がずっと素晴らしいではないか」と。しかし、自然主義絵画が目指したのは決してそのようなものではありません。その木を描いた画家は、知覚プロセスが持つ創造性の秘密に触れています。誰もが知っているはずのこの内的な出来事を、描き出すことによって意識化しているのです。それは、対象物にこだわらない自由な芸術を生み出すための、必然的な要件でした。そのような過程を経てこそ芸術家は、知覚した対象から目を転じて新たに描き出す自由、分解された像の個々の部分を、遊戯的な恣意性をもって、新たに構成し直す自由、あるいはまた、分解プロセスそれ自体を造形的に表現する自由を獲得したのです。

模倣しつつ善きものを求める

しかし、模倣と芸術プロセスとのあいだにある関連性は、私たちの（今回の）テーマではありません。ですから、それはそのままにして、ここでは次のことを記憶しておきましょう。美しいと感じる感情、それはさしあたり美学的範疇《カテゴリー》に属するものでもありませんし、価値判断にかかわるものでもありません。私たちの内に美しいと感じる感情が生じるのは、私たちは私たちの知覚活動をとおして、自らを創造的な存在、現実をつくり出す存在として体験することができるからにほかなりません。創造性は、現象を模倣しようとする衝動の内にこそ目覚めるのであって、一部の心理分析家がいまだに頑固に主張しているような、うんち遊び——幼児が自分の排泄物で遊ぶ行為——からではありません。彼らが何を主張しようが、模倣を経ずには創造性は目覚めません。

彼らは、今日に到るまで性懲りもなく主張しています。「芸術は、外界を破壊し変容させることと、何らかの関連性を持つにちがいない」と。そしてそう主張することによって、真実の一片を手にし得たように思っているのです。そう、「それと似たことは食べ物の消化・排泄にも見られる」と。このような驚くべき分析結果が引き出されるのは、「霊・魂の現象は、原理的に、身体的現象が部分的に変容したもの以外ではあり得ない」という仮説が前提に置かれているからです。しかし私たちは、そのような仮説を前提にするわけにはいきません。そのような仮説の最大の欠陥は、まさに、まったく役に立たないということです。私たちは足を地につけているよう努めましょう。摂取された食べ物のすべてが消化されるわけではありません。あたりまえのことですが、必要のない部分は排泄されなければなりません。ただそれだけです。腸を空にすることは決して意味のないことではありませんが、とりわけ重要なことでもありません。それは詩を朗読するときの咳払いと同じくらいに、創造性とは関係のない事柄です。

おまるにまたがるよりもずっと楽しい体験であろう模倣行為は、小さな子どもの創造性と極めて深くかかわっています。外からの印象は模倣を介して、内からの表現につながります。模倣行為は創造的な意志の最初の現れであるばかりでなく、感覚が育ちつつあることの現れでもあるのです。つまり、感覚印象と正しくかかわる能力を培うための、極めて大切な歩みでもあるのです。ルドルフ・シュタイナーは、彼の連続講演『社会問題としての教育問題』[4]のなかで、「模倣の内には自由への萌芽がある」と述べています。この言葉はいささか逆説的に聞こえるかもしれません。しかし私たちが今語ってきた事柄に照らしてみるなら、そのまま無理なく理解し得る言葉ではないでしょうか？私は教育者・教育カウンセラーとしての多年にわたる経験から、はっきりこう言うことができます。「ある学童に集中力に欠けた病的な落着きのなさが見られたならば、それはその子が、どのような理由からにせよ、四～五歳までに充分な模倣活動がなされなかったことと関係がある」と。ですから私たちは、落着きのない・興奮しやすい学童たちには、彼らに欠けている体験を取り戻させるために、集中的に、なぞるカリキュラムを与えます。たとえばパントマイム的な遊び、詩の朗読、リズムや音程の反復練習などを。これらは家庭でもできる事柄です。皆さん、すでに述べましたように、専門家がいなくてもできることはたくさんあるのです。皆さんのお子さんが落着きのない・興奮しやすい子どもであったならば、お子さんのために一週間に三回、三十分ほどの時間を割いて、模倣を取り入れた遊びを一緒にしてみてください。そして次第に、単なる模倣ではない創造的な遊びへと、お子さんを誘導してやってください。そうすればお子さんは、そのような遊びをとおして集中する能力を身につけ、その能力を学校でも発揮するようになるでしょう。七歳から十歳くらいまでの子どもにそのような遊びをしてやるなら、それは、課外授業や毎日の詰めこみ勉強よりもずっと効果があるでしょう。ところで皆さん、テレビはつけないようにしてください。テレビは健康な模倣にとっての、最強の敵の一つなのですから。

では、単に例として挙げたに過ぎない「美しいと感じる感情」と「心地よい行為へ向かう意志」という問題から、「模倣しつつ善きものを求める衝動」に戻りましょう。ここでもまた言えることは、たとえ容易には明らかにし得ない事柄であるにせよ、知覚諸器官が形成されていればこそ、それら諸器官にふさわしい豊かな印象が受けとめられるのだということ、そして、その豊かな印象とのかかわりの内にこそ、かの善きものを求める衝動あるいは親近感に発する、自律的な、創造的な意志衝動が生まれてくるのだ、ということです。もちろん、この親近感——これは子どもが抱く信頼感とも言えるでしょう——は、道徳的な躾のために用いられてはなりませんが。私たちは知っています。善きものと出会うとき、つまり、他者の言葉や振舞にこめられた愛情と出会うとき、子どもの内なる何かが、いわば真実であることを確認しつつ、深い喜びをもって応えるのを。また、その内実的にはなお明らかにし得ていない応えは、たとえば花咲く草原を目にしたときに見せる応えと同じように、教えられて身につけられたものではないことを。

けばけばしい色彩がほどこされた玩具で無邪気に遊んでいる子どもたちを、無頓着に放っておくのはよくありません。なぜなら、いくら楽しそうにしていようとも、彼らは事の良し悪しなどまったく頓着せずに遊んでいるのですから。どぎつい色、まぶしい光、うるさい音……、いかにも刺激的な玩具の世界は、やがて彼らに退屈を覚えさせ、彼らの感性を鈍らせてしまうでしょう。私たちがこうしたことに無頓着でいるなら、それは、彼らの内なる芸術家を堕落させてしまうことになるでしょう。そしてまったく同じように、善きものに向けて目を開き、心を開いて期待している子どもたちに、絶え間のない道徳的な説教や偽善的な語り口で応えるなら、彼らの内なる、愛に満ちた人間を堕落させてしまうことになるでしょう。そうです。ここでもまた、無関心を育てることになってしまいます。大切なのは、押しつけずに手本を示してやることです。しかし、そのような手本を正しく捉えさせ、魂の内に深く受け入れさせて、状況に応じて自由に使用し得る魂の財産へとメタモルフォーゼさせるには、すでに述べましたように、そのための知覚能力が必要になります。では、その知覚能力とはどのようなものなのでしょうか？　天使は、両親をはじめ、子どもたちと近しい間柄にある人々との結びつきのなかで、その知覚能力をどのようにして目覚めさせてくれるのでしょうか？

ここで私たちは、今日に到るまでいまだ正当に評価されていない分野、なかでも、子どもの成長に関していまだ充分に認められていない人智学的人間学の分野、つまり、ルドルフ・シュタイナーがその輪郭を残してくれた「拡張された感覚論」を取り上げます。私たちは天使を、道徳的ファンタジーを与えてくれる存在として描きました。皆さん、このことを忘れないようにしてください。天使は、愛の衝動を人間の魂に注ぎこもうとしています。そして今、私たちはこう問いましょう。「小さな子どもたちに愛の衝動を注ぎこむための器を、天使はどのように形成しつつ活動しているのか」と。

生命感覚を探る

不安げな子・寂しげな子・落着きのない子・不安げな子・寂しげな子・落着きのない子

この章のはじめに

ルドルフ・シュタイナーは人間存在の内に、感覚と名づけ得る十二の資質を見いだしました。彼の見方によれば、一つの感覚は一つの知覚能力であり、それは意識的な判断の助けを借りることなく、人間存在の一定領域に関する直接的な情報を伝えてくれます。たとえば、一本の木の前に立つ私が「これは一本の木だ」と言ったとするなら、その言葉は私の感覚印象と、その印象が私の内に呼び起こした感情に結びついています。しかしそれは、感覚印象そのものではありません。そこにはすでに、判断や概念が入りこんできています。この区別は必然的なものです。というのも、それを区別しなければ、私たちはこう言わなければならなくなるからです。「判断することも概念を形成することもできない小さな子どもは、感覚印象を持つこともできない」と。しかし、そのようなことはあり得ません。

この講演（本書）では十二の感覚すべてを取り上げることはできませんし、取り上げる感覚に関しても、基本的な部分についてしか話せません。しかし、これから取り上げる感覚を理解していただくためには全体を見通しておいた方がよいでしょうから、まずは十二の感覚それぞれについて、ここに概観しておくことにいたしましょう。ルドルフ・シュタイナーは、十二の感覚を三つの領域に分類しています。第一の感覚領域は、「身体感覚」あるいは「基礎感覚」と名づけられている領域で、意志に近い感覚とも言われているものです。私たちはこの感覚領域を取り上げます。第二の感覚領域は、

「魂的感覚」あるいは感情に近い感覚（嗅覚、味覚、視覚、熱感覚）、第三の感覚領域は、人と人とのあいだで直接的に働く感覚で、「社会的感覚」あるいは「高次の感覚」と呼ばれているものです。この、第三の感覚領域で発揮される能力は、思考能力そのものにではなく、思考や概念に密接にかかわっている能力です（聴覚、言語感覚、思考感覚、自我感覚）。関心をお持ちの方は、ルドルフ・シュタイナーの講演がテーマ別にまとめられている叢書のなかの『感覚論』[5]をお読みになるとよいでしょう。

ところで皆さん、もしかしたら怪訝に思われてはいませんか？　私たちには社会的能力を育むという観点が必要なのに、いわゆる社会的感覚ではなく、「自己知覚感覚」とも言い得る基礎感覚を取り上げるのはなぜなのか、と。しかし皆さん、お忘れにならないでください。私たちは今、天使の活動、器をつくる活動について話しています。そう、純真な子どもたちが、共感に満ちた無私の関心を他者に向け、他者の言葉に浸り、他者の考えに沿いつつ考え、他者の自我を感じ取ることができる人間になるために必要な、準備作業について話しています。

基本的な心地よさについて

感覚について述べる場合、ふつうは触覚から始めることが多いのですが、私たちは生命感覚から始めます。というのも、生命感覚は最も描写しにくい感覚であるにもかかわらず、子どもの成長をよく観察するなら、つまり「序文」でも述べた発達心理学的な観点からすれば、最も基本的な感覚であることが分かるからです。ルドルフ・シュタイナーの場合にも、どの感覚から始めるかはいつも同じではありませんでした。さて、生命感覚とはどのような感覚なのでしょうか？ルドルフ・シュタイナーはこう述べています。「人間の最初の自己知覚は生命感覚から得られます。人間は生命感覚によって自分自身の身体的全体を知るのです」と。つまりそこでは、ある全体体験が、そう、身体を介する最初の全体的な体験が取り上げられています。自分の身体に生起するあれこれに耳を傾けながら、子どもたちは自分の身体に親密さを感じ、その親密さをとおして、私は私であるという自己同一性《アイデンティティ》を夢見るように感じ取っていきます。子どもたちは、自分の身体性を感じ取ることによって安心するのです。ルドルフ・シュタイナーがかつて語ったように、子どもたちは自分の内に「心地よさに満たされている在り方」を感じ取ります。自分の身体を自分の棲み家として感じるこの感情は、後に生じる「自分自身の在り方を確認する能力」のすべてを組織するための、根本的な感情です。ですから、子どもたちからこの心地よさあるいは安心感が奪われるようなことがあれば、そのことによって子どもたちは、「どうしたらよいのかよく分からない」状態に置かれることになってしまいます。そしてそれは、幼少年期にある子どもたちに影響を及ぼしつづけることにもなるのです。身体の不調はどのようなものであれ、生命感覚とその知覚に混乱をもたらします。このことは、基本的な生命感覚がいまだ完全に形成されるに到っていない時期、不安定な状態にある時期には特に言えることです。

これはもちろん幼少年期以降にも当てはまりますが、大人になってしまえば事情はいささか異なります。大人ならば、たとえば痛みによって生命感覚機能が損なわれることがあったとしても、それは存在全体に及ぶものにはならないのがふつうだからです。このことは、生命感覚は時と共に成長していくことと関連しています。生命感覚は次第に、一般的な身体的在り方を伝えるだけのものではなくなります。そこには、現在に到った自分の持続的な在り方全体を自分自身として感じるという内実が加わってくるのです。ですから私たちは、生命感覚を「自伝的感覚」と名づけることもできるのであり、たとえ身体知覚の側面が損なわれても、それはそのようなものとしてさらに機能することができるのです。しかしこれは、小さな子どもたちにはまだ当てはまりません。私たちはそこでは、生命感覚をまずは基本的な生命感覚として捉え、同時に、「それは後には、自伝的感覚としての役割を果たすようになるのだ」ということを念頭に置きつつ、注意深く育んでいくよう心がけなければなりません。では、そのためにはまず何が大切になるのでしょうか？

この問いについて考える前に、生命感覚の根本的な機能に関して、なお幾つかの所見を述べさせてください。たとえば耳障りな不協和音、耳をつんざくような大音響、支離滅裂な雑音は、心地よい音楽とは反対に、私たちの聴覚をいらだたせます。これと似たようなことは、そのまま生命感覚にも当てはまります。身体的な不快感は、生命感覚にいわば耳障りに響きます。反対に、身体内に生起している出来事が、静かな、調和的なものであるなら、生命感覚は水を得た魚のように働きます。感覚機能はすべて、それぞれに固有の意図あるいは目的を実現しようとする力学《ダイナミズム》を持っています。つまり、固有の知覚活動を伴うそれぞれの感覚機能は、私たちがそれぞれの知覚領域で出会いたいと望んでいる無意識的な期待と結びついています。このダイナミズムは、それぞれの感覚が担っている役割に対応しています。そしてそれが意識されるのは、もっぱら、その役割が果たされていない場合であるのがふつうです。目がどのような役割を担っているかは、たとえば、ものが二重に見えたり遠近感が狂ったりするといった、何らかの視覚障害が生じたときに明らかになります。見え方がおかしいと気づくためには目を開けなければならないように、身体の状態をつねに見守っている生命感覚がなければ、身体の不調に関する情報は得られません。しかしこの情報が意識に上るのは、生命感覚の知覚領域内にいらだちがあるからです。人間の感覚は、単に何が起きているのかを知るためだけではなく、私たち人間の存在基盤を正しく維持するために働いているのです。

このことは特に、生命感覚の場合に明らかになります。生命感覚の第一の活動は、身体を正しく維持するための持続的な活動です。その活動は、周辺世界との交流のなかで形成されていく人格を、土台としての身体がしっかり支えているかどうかを見守っています。生命感覚は二次的に、土台としての身体に生じる不安な徴候も報告してくれます。しかしそうなるとすぐに、そこに意識が介入してきて、純粋な感覚機能（望ましい状態）を再びもたらす術を探します。内的に何らかの痛みや不快感が生じたようなときには、——ルドルフ・シュタイナーの言葉によれば——「通常は心地よさとして放射している生命感覚に障害が生じています。ある外的感覚（聴覚）に障害があるときにはよく聞こえないのとまさに同じように」つまり生命感覚は——ここでまたシュタイナーを引用するなら——「魂の内へと送りこまれたその作用が心地よさを浸透させるもの」であるときにのみ、自らに課された固有の役割を果たすことができるのです。このことを私たちは忘れないようにしなければなりません。「生命感覚の本来的な役割は、生命感覚を乱す出来事《プロセス》を知覚することにある」などといった考えに陥らないようにしなければなりません。この点で、ハンス・ユルゲン・ショイルレ[6]が用いた「快感覚」という呼び名は、実に適切なものであると言えるでしょう。

生命感覚についての、その他の事柄

最近催されたある会議で耳にした反論は次のようなものでした。快感覚と呼ぶのであれば、同じように「不快感覚」と呼んでもよいのではないか、と。そう、確かにそう呼んでもよい部分もありますが、それはまさに部分的に当てはまる呼び名でしかありません。「ある感覚が最もよく働き得るためには、その感覚が担っている知覚領域はどのような状態にあればよいか」を考えるなら、たとえば視覚に必要なのはほどよい明るさであり、生命感覚に必要なのは、ほどよい温かさが保たれた静かな身体状態です。視覚は暗さに妨げられ、よく見えなくなり、暗闇ではその機能を失い、まったく見えなくなり、まぶしい光のもとではいらだちます。同様のことが生命感覚にも当てはまります。生命感覚は、身体の具合が悪くなればその活動が妨げられ、麻酔を打たれるなどして身体感覚がなくなればその機能を失い、不快な、強すぎる刺激のもとではいらだちます。つまり、意識に上ることのない、ほどよく温かい状態にある身体こそが、生命感覚の知覚活動にとっての最良の場であるのです。ここでは、いわば眠りに近い感情が問題になっています。生命感覚は、私たちが目覚めているときにもなお眠っている身体部位へと向かい、知覚しつつ活動しています。生命感覚という呼び方から直接的に、いわゆる生命力にまつわる事柄を思い浮かべるべきではありません。生命という言葉から思い浮かべられるあれこれは、確かに生命感覚が仲介するものではありますが、しかしそれらは、あくまでも生命感覚の目に見えない活動の結果であり、その現れでしかありません。身体の内部は、静かな、温かな、心地よい状態にあります。そのような内的状態が、生命力を感じ取らせる土台を築いているのです。

草木が、温かく軟らかな、潤った大地に根を下ろし、太陽に向かって花を咲かせるように、私たちが生命力として感じ取るものは、身体の心地よい温もりと静けさのなかに根を下ろし、そこから私たちの自我に向かって芽生えていきます。生命力は、よい眠りの後に訪れる爽やかな目覚めのなかで、生命感覚領域から溢れ出します。そして、日暮れのくつろぎの時間がやってくると、私たちはその溢れ出す力がすでに消えかけているのに気づきます。しかし、それはそれだけのことです。より強い疲労感は、無理に目覚めていようとするときにこそ、あるいは目覚めているよう強いられるときにこそ生じます。その他の身体感覚（触覚、運動感覚、平衡感覚）は、ふつうの疲労状態でもすでに鈍くなってしまいますが、生命感覚の場合はそうではありません。生命感覚は、たとえ私たちがくつろぎながらうとうとしていてもなお、しっかり活動しています。なぜなら、そのような状態にある私たちは破壊プロセスを最小限に抑えているのであり、そうすることによって、構築的な再生プロセスを前面に押し出すよう促しているからです。生命感覚の乱れは、生命力を酷使したことによって生じる疲労困憊状態や衰弱状態に生じます。そしてそれは特徴的に、疲れきっているにもかかわらず眠れない状態として現れます。生命感覚は昼も夜もなく働いており、心地よいまどろみのなかで感覚器官全体を統括しています。生命力の知覚は、生命感覚の報告が意識の内に運びこまれることから生じます。生命感覚の報告、それは「目に見えない力の貯蔵庫」についての報告、私たちの体調についての報告です。つまり、私たちが目覚めてもなお眠りつづけている場所、あるいは人智学的に表すなら、高まった破壊プロセス（覚醒時の身体的かつ霊的活動による消耗）があるにもかかわらず、ひきつづき構築するプロセス（眠っている部位に生じる力の増大）が生じている場所についての報告です。私たちの考察では、この構築プロセスは、安定しているものを壊す破壊プロセスに抗して、整えつつ－調和をもたらしつつ作用しているプロセスと呼ぶことが、あるいはまた、生命感覚の知覚の場として描写することができます。

　しかし、この構築プロセス（生命感覚の目に見えない活動）の結果として生じる生命力（活力）は、夜の側からやってくるさまざまな作用がもたらしているものでもあるのです。それらの作用は、第一に、触感覚をつくり出し（輪郭づけつつ－形成しつつ）、第二に、動作の確かさを基礎づけ（解きほぐしつつ－調整しつつ）、第三に、身・魂にバランスを与え、真っ直ぐに立ち歩行することを可能にさせてくれます（光を浴びせつつ－統合しつつ）。これらはすべて、眠りによる回復感とかかわっている四つの身体感覚すべてから構成されています。心地よさ（生命感覚）、輪郭あるいは覆いの知覚（触覚）、ダイナミズム（運動感覚）、立ち上がらせる光の力の浸透（平衡感覚）。生命感覚にはさらに、静かな、温かい、生命の流れの知覚（基本的な心地よさ）を書き添えるべきでしょう。実際これらの感覚は、生命力というものに本質的なところで深くかかわっています。生命感覚は身体にかかわる感覚すべてに浸透しており、そこに心地よさをもたらしているのです。

肯定的な静かな覚醒状態と善きものの体験

ルドルフ・シュタイナーは、「私たちは自分自身をまるごと内的に感じることができるのですが、それを知らずにいる者には、感覚とは何かを理解することは決してできません」と語っています。全体性と持続性の体験は、生命感覚に由来する基本的な体験です。生命感覚は育ちつつある子どもたちに、自分の内に憩う心地よさと自分を拠り所にする確かさを与えてくれます。身体的な自己知覚にかかわるこの安心感と持続性の体験は、子どもたちの将来にとって極めて大切な体験です。そこでは、自分という存在に対する信頼感だけではなく、自らの来し方を振り返りつつ発する問いかけも問題になるのです。自分の存在を、関連のない個々の出来事の断片的な集合体としてではなく、持続する流れとして感じ取ることができるかどうか、という問いかけです。

しかし皆さん、この感覚、生命感覚は、生後すぐに獲得される感覚ではありません。皆さん、生後数カ月の赤ちゃんをありのままに見てください。どんなことに気づかれるでしょうか？ そうです。赤ちゃんは自分の身体と喧嘩しています。そして、自分というものを感じずにすむように、いつも眠りたがっています。心地よさを感じているようには見えません。いつも自分の身体にてこずっている様子です。

赤ちゃんは目を覚ましたとたんに、空腹やお腹の不快なゴロゴロを感じます。震えたり、汗をかいたり、汚れたおしめを気持ち悪がったり……、あれこれとまあ大変です。目覚めているときの身体は、赤ちゃんにとって決して心地よいものではない様子です。そこで、お母さんがその身体的な不快感を取り除いてやりますと……、赤ちゃんはすぐにおとなしくなり、眠そうな様子を見せ始めます。赤ちゃんが心地よさを体験するのは眠っているときと眠ろうとしているときだけのように見えますが、そう、そこには、かの生命感覚が働きはじめているのです。

しかしありがたいことに、そのような状態はずっとつづくわけではありません。何ごともなく数週間も経てば、発達心理学で言う肯定的な、静かな、覚醒状態がやってきます。目を覚ましてもすぐにはむずからなくなりますし、泣き出したりもしなくなります。何やらぶつぶつ呟きながら自分の指で遊ぶようになり、自分にも周囲の世界にも満足している様子を見せ始めます。これは、赤ちゃんの身体が地上の生活に適応しつつあることの現れであり、肯定的な身体感覚が生まれつつあることの現れです。この肯定的な身体感覚はそれ自体の内に、ある持続感と信頼感を備えるようになるのです。ここまでくれば赤ちゃんは、繰り返しやってくる空腹、ここの窮屈そこの痒みなど、些細なことには大騒ぎしなくなっています。これは、生命感覚がつつがなく形成されつつあることの重要な証しです。この、生命感覚に由来する身体的な基本能力、「自分自身をまるごと内的に感じる」〔シュタイナー〕能力は、さまざまな誘惑に抵抗する能力となるのです。このことに関しては、また後ほど述べようと思います。

さて赤ちゃんは、生まれたばかりの時には棲みにくく感じた身体という家は、実は自分だけに与えられた心地よい場所だったのだということを学びました。しかし、赤ちゃんはどのようにしてそれを学んだのでしょうか？　魂を与えられた身体が、無理強いされているようにさえ感じていた地球環境に慣れ親しんでいくのは、なぜなのでしょうか？　最初の答えは明らかです。赤ちゃんが自分の身体を心地よく感じていられるようにと、皆さんが気を配られたからです。私がこの「ように」という言葉を強調するのは、生命感覚を育むには衛生的・医学的な指示に従っていればよいのだという思い違いを、皆さんにはしていただきたくないからです。そのような指示に従っているだけでよいのであれば、私たちセラピストの課題もずっと少なかったことでしょう。指示にないことは敢えて考えなくてもよいのですから。しかし大切なのは、単に義務を果たすことではありません。そうではなく、赤ちゃんは身体的に心地よく感じているか、食べ物はどうか、寒くはないか暑くはないかと、時間を惜しまず畏敬の念をもって見守ってやることです。身体を育むことは、生命感覚を育むことと同じではありません。赤ちゃんがもっぱら体験しているのは自分の身体、身体が仲介する知覚の世界です。しかしその際、世界を体験し知覚している主体は、赤ちゃんの魂です。そしてその魂は、「何に」ではなく「どのように」に対して反応しています。ですから皆さん、皆さんは赤ちゃんの身体に「善きもの」を与えてやることによってこそ、赤ちゃんの生命感覚を鍛えてやることができるのです。

自分の身体が「善きもの」を体験し得る場になるなら、つまり、人間的な温もりや優しさなどが身体をとおして赤ちゃんの魂にまで伝わるなら、それは、生命感覚にとっての最良の環境となるのです。そして、そのことをとおして同時に、「模倣の内に現れる善きものへの衝動」が、それ以降の在り方に向けて、最初の、豊かな可能性を見いだしていきます。子どもは皆、世界はすべからく道徳的なのだという深い無意識の確信を携えて生まれてくるのだと、ルドルフ・シュタイナーは語っています（『教育の基礎としての一般人間学』[7]）。私たちは、生後数カ月の赤ちゃんが携えてくるこの「基本的な確信」〔シュタイナー〕を、その身体と感覚をとおして体験させ、確認させてやらなければなりません。

生活リズムと自分という存在への信頼感

身体の世話、身体接触、食べ物、暖かさや衣服——一日中肌に触れている肌着の素材がどのようなものであるかということからしてすでに、自分の存在を確認させてくれる存在感情に大きな影響を及ぼします——に充分に注意を払いながら、子どもたちが携えてくる「基本的な確信」を愛情をこめて見守ってやるなら、それは、生命感覚を育んでいる子どもたちにとっての大きな助けになるのです。それにはそのための時間と、忍耐と、思慮深さが必要になります。内的な落着きやいわゆる敬虔な感情に浸る能力が求められます。もちろんうまくいかないこともあるでしょうが、それはそれでよいのです。そして、ここで大きな助けとなるのが、日常生活にリズムを、外側から強いられたリズムではなく意識的に捉えられたリズムを、与えることなのです。

たとえば毎晩三十分ほど、単に形の上だけではなく内的にも、自分を日常的なあれこれから引き離して、完全に子どものためだけの時間を持つよう心がけます。単なる習慣に堕してしまいがちな気配りを真に心の底からするように心がけ、また、どのような言葉も子どもがそばにいることを考えて交わすようにし、必要がなければ黙っているよう心がけます。電話が鳴っても出ないようにし、日常的なあれこれにかかわる雑念を振り払うよう心がけます。そう、たった三十分でよいのです。このようにも小さな人間存在を両手で支えていることの奇跡を、繰り返し感じるようにするのです。皆さん、こうしたことを毎日、自分が決めた時間に実際に行なうよう試みるなら、それは、子どもにとってだけではなく皆さんにとっても心地よいことに、やがて気づかれることでしょう。日常に付随するものでありながら、その日常と闘わなければ生み出し得ないこのような振舞をとおして、母と子の関係は次第に深まっていくでしょう。これは父と子の関係でも同じです。父親も同じように振舞わなければ、家族関係が歪んでしまいます。二人、三人、あるいはもっと多くの子どもを持つ母親に、もしも彼女が家事をこなしながら、子どもたちの面倒を一人で見なければならないのであれば、時間を惜しまず畏敬の念をもって努力せよなどと、お説教するわけにはいきません。

今例に挙げて述べたようなかたちで、子どもとの生活に意識的なリズムを持ちこむなら、そのリズムは、親である私たちに落着きと思慮深さをもたらしてくれるばかりでなく、育児環境の一端を整えてもくれるでしょう。そのような生活リズムは、子どもの代謝リズムと代謝プロセスを健康にする、眠りと目覚めのリズムにじかに作用するのです。皆さん、私たちはこの関連を念頭に置かなければなりません。

幼児の場合、感情や気分（魂）は代謝プロセス（身体）と強く結びついています。ですから、両者を調整する機能を持つリズムには、極めて重要な役割が委ねられています。幼児との生活にリズムを与えることは、いまだ身・魂が分離していない状態にある幼児にリズムを与える練習をすることになるのであり、そのような練習のなかで、幼児は自我意識を目覚めさせていくのです。生活にリズムを与えること、それは広い意味においては、呼吸を学ばせることです。これは、ディーター・シュルツの小冊子『幼児のための治療教育』[8]にも正しく述べられているように、「一般的な体質の強化」をもたらすだけではなく、持続性のなかにある自分についての意識、つまり自己意識の形成にもかかわる事柄です。「呼吸プロセスのなかで私たちは魂になる」とルドルフ・シュタイナーは述べています。心拍・呼吸リズムは、成長するにつれて次第に安定していき、他の影響から比較的自由な固有のリズムを身につけるに到って、自分という存在の信頼するに足る確かさを基礎づけます。「自分自身をまるごと内的に感じる」ためには、まさに身体自体が必要であるのと同じように、心拍・呼吸リズムが必要なのです。今日の環境のなかで自然のリズムに適った生活を送るのは、私たちにとっても子どもたちにとっても、とても難しくなっています。だからこそ私たちは、リズムの原理を教育の場に導入し、そのことをとおして、子どもたちの生命感覚を育んでいかなければならないのです。

落着きのない - 興奮しやすい子ども

皆さん、思い出してください。私たちが「内的な畏敬の念」という言葉で表したのは、子どもの生命感覚を育むために私たちが外側からすることのできるすべて、食べ物、暖かさ、身体の世話、眠りと目覚めのリズムなどに関するすべてを支えてくれる、私たちの魂の基本的な在り方です。内的な畏敬の念に伴われていない義務的な配慮には、厳しい言い方をするなら、生命感覚を育むことは決してできません。私は今、二人の娘を持つ一人の父親として話しています。皆さんもご自身の経験からご存じのことと思われますから、敢えて言う必要もないことでしょうが、現代に生きている私たちはまさに、この内的な畏敬の念が備えている内実からあまりにも隔たっています。ですから私が次のように言っても、もはやどなたも驚かれないことでしょう。そう、親である私たちをはじめとして、学校の教師、小児科の医師、セラピストなどが直面している難しい問題の多くは、子どもたちの生命感覚がよく鍛えられていないことに由来しているのです。

すでに述べましたように、生命感覚は私たちに「自分の内に憩う」存在感情を、つまり持続する存在であることの安心感を体験させてくれます。子どもの魂は、生命感覚をとおして、身体によって護られているのだと感じ、身体は魂によって活気づけられているのだと感じます。生命感覚は身・魂全体の基本的体験を仲介しています。ルドルフ・シュタイナーの言葉、「心地よさが浸透している状態」とは、「意図あるいは目的を実現しようとしている」生命感覚のダイナミズムが目指している状態です。よく鍛えられた生命感覚は、身体内に生起する出来事が些細なものなのか由々しいものなのかを、間違いなく識別してくれます。生命感覚が身体の痛みを伝えてきているときでも、「自分自身をまるごと内的に感じる」基本的な知覚が消え去ってしまうことはありません。だからこそ私たちは、身体に不調を覚えているときにも、それがさほどのものでなければ、自らを失わずにいることができるのです。生命感覚の基本的な知覚は、その二次的な知覚(不調の知覚)が比較的短期間のものであるのに対して、身体の持続的な状態に向けられています。

これは、生命感覚がよく育まれていない子どもたちには当てはまりません。そのような子どもたちの場合には、さほどのことがなくても不快感や不安感が呼び起こされて、いわば存在基盤がぐらついてしまうのです。ルドルフ・シュタイナーが語っているように、彼らは「心地よさが浸透している状態」を感じることはほとんどなく、それを感じるのはたいていの場合、もはや眠気に逆らえないほどに疲れきったときだけです。眠気と闘うこと、静かな状態を避けること、それが彼らの一日の仕事です。なぜなら周囲が静かなときには、意識が自分の身体に向かってしまうからです。生命感覚の知覚が前面に押し出されてしまうのです。そしてそこに何らかの不快感が生じると、落着きなく走りまわったり、しゃべりつづけたり、騒々しい音をたてたり、飽きもせず何かをいじりまわしたり、釘やビヨウを噛んだり、しかめっ面をして見せたりするのです。彼らは騒々しい環境を好みます。なぜならそこでなら、自分自身に向き合わなくてもすむからです。周囲が静かになってくると、彼らは自分の方から騒々しさをつくり出します。

そのような子どもたちはしばしば、いわゆる神経性チックを見せるようになります。たとえば無意味な咳払いをしたり、目をぱちぱちしばたいたり、かくんかくんと首を振ったり、無理に息を詰めたりするようになるのです。これらはすべて、自分自身を感じないですむように絶えず何かをしていることと関連しています。ですから彼らは、人間を吸いこむ作用を持つテレビを異常なまでに好みます。そして少しのあいだだけでも、身・魂の調和感を得るために、許されているいないにかかわらずあらゆる手段を講じて、そうしなければ得ることのできない心地よさを手に入れようとするのです。親である私たちはさらに、しばしばこのようなことも心配しなければなりません。そう、そのような子どもたちは、非常に早くから自慰行為をすることもあるのです　――とはいえそれは、他所では何と言われていようとも、ほとんどの場合、性的妄想とは結びついておりません――。彼らの動作は不器用でぶっきらぼうです。何かにぶつかっては絶えず小さなけがをしています。彼らの手足には無鉄砲な行動衝動が現れることが多く、そのせかせかした動作を見ていると、身体性の把握がいかに欠如しているかに驚かされます。さあ、小さなわんぱくが膝を擦りむいてやってきます。ところが当人は、その傷にまだまったく気づいていないのです。もう一人のわんぱくは、サンダル履きで雪のなかを走りまわっていました。当然、足はもう真っ青ですが、当人は全然気にならない様子です。自分の身体に対するこのほったらかしは、彼らに見られる典型的な現象です。私たちはまさに、身体を無視する能力、あるいは身体感覚を締め出す能力、そう、一つの学習された能力について語ることができるでしょう。

私たちは彼らのこの埋め合わせの能力を、いわば「方向づけがうまくなされていない生命感覚」に対するリアクションとして理解しなければなりません。彼らの身体的知覚は落着きのない多動的動作の内で大幅に鈍っているのにひきかえ、臓器的感覚は静かな覚醒状態の内で極度に興奮しています。いわゆる多動児たちを駆り立てているのは、身体的不安、自分の身体性に気づくことへの不安です。この不安感は、生後数カ月ないし数年のあいだに根づきます。すでに述べた「肯定的な、静かな覚醒状態」へと向かう成長の歩みが、その時期にきちんとなされていなかったのです。身体も大きくなり、知的にも成長する一方――そう、彼らはこの点に関しては、同年齢の子どもたちに先んじていることが多いのですが――基本的な生命感覚は、自分の身体と絶えず闘っていなければならない幼児的状態にとどまっています。ですから、そのような状態に対するリアクションも同様に、幼児性を引きずることになるのです。落着きのなさ、騒々しさ、いつまでもなくならない乳飲み欲求――最近の子どもたちは母乳の代わりに甘いものを欲しがりますが――、神経がまいってしまうほどの甘ったれなどなど。

皆さん、そのような子どもたちは、自分を感じることによる不愉快な体験を重ねてきたのです。ですから今、彼らは、自分を感じないですむようにとあらゆることを企てます。しかしその振舞の多くは、たとえそれがつかの間のものであるにしても、身体の心地よさをつくり出そうとするがゆえのものなのです。身体の心地よさ、それは、子どもが健康に成長していれば次第にあたりまえのものとなり、活気のある安定した感情と意志のための基礎を形成してくれるのですが……。

さて、まだ充分ではありませんが、行動障害を持つ子どもたちのあるタイプについては知ることができました。私たちはいわゆる「多動症候群」について語っていますが、これは教育界においても幸いにもと言うべきでしょうが、かつてのように「微細脳損傷」に分類されることはなくなりました。今私たちは、集中力に欠ける子どもたち、落着きのない‐興奮しやすい子どもたち、しばしば高度な知力を示し、ぶっきらぼうな動作を見せる子どもたちについて話しています。そう、際限のないじゃま者として悪名高い子どもたち、とりわけ厳粛な儀式などの際にくだらぬことを話しつづける我慢のならないおしゃべりさんについて話しています。しかし私たちは同時に、このような在り方をしている彼らの賢さ、独特の話しぶりなどに好感を抱くこともできますし、彼らも、信頼のおける大人たちには愛らしい行為で応えることができるのです。

これまでに述べてきた事柄を要約しておきましょう。このような子どもたちの場合には、生命感覚の基本的知覚領域（快感覚）が充分に育まれておりません。だからこそ、身体的な不調がほんのわずかなものであっても、それが身体的不安をもたらして、落着きのない行動をさせることになるのです。このような傾向は、子どもの育て方に何ら問題がなくても生じ得ます。なぜなら実際、このような傾向を生じさせる時代的な背景もあるからです。しかし、だからこそそれだけ一層、教育的に適切な予防措置が求められてもいるわけです。皆さん、今まで述べてきたこうした観点をご理解いただけるなら、皆さんはお子さんの将来へ向けて多くのことができるのです。皆さんが生命感覚の育成に深い関心を向けられるなら、つまり、繰り返しになりますが、食べ物、暖かさ、身体の世話、身体的接触、衣服、生活リズム、眠りなどに、適切かつ内的な心配りをなさるなら、そう、自分という存在に対する信頼感をお子さんの内に正しく植えつけようとなさるなら、それはお子さんの成長を助けることになるだけでなく、さらに先まで向かいます。こうして私たちは、私たちの出発点に立ち帰ります。そうです。生命感覚を育むということは、道徳教育の一角を担うということ以上のものなのです。

呼吸を解き放つために生命感覚を育む

天使は、目に見えない作用を及ぼしつつ運命につき添ってくれる存在、愛の衝動を、あるいは今様に表現するなら社会的能力を人間の魂に注ぎこんでくれる存在、そしてそのための最良の条件を、両親の助けを受けながら、小さな子どもたちの内につくり出そうとしている存在です。私はこのように述べました。では、生命感覚はどのような社会的能力に向けて、その素地をつくり出すのでしょうか？この問いに答える前に、私たちはもう一度思い出さなければなりません。私はこうも述べました。子どもたち（と私たち）は眠りのなかで天使の領界へ運ばれて、生物学的あるいは社会文化的な側面からは明らかにされ得ない衝動を受け取ってくるのだ、と。

ここで、ある興味深いエピソードを添えさせてください。かの著名な実存主義哲学者、ジャン‐ポール・サルトルは、死の直前に行なわれた最後のインタヴューに応じたとき、哲学者としての自分の生涯を振り返りつつ、こう語ったそうです。私は道徳というものの由来を見いだすことができなかった。そしてそれがゆえに、「形而上学的次元へと足を踏み外して」しまった。自分が立脚していた無神論的立場からすればあるまじきことであるのに、と。彼は、率直かつ誠実な精神の持ち主でした。彼がいなかったなら、私たちの世紀はずっと貧しいものになっていたことでしょう。ですから、私たちのあいだで彼について語られることがこれほどにも少ないのはなぜなのか、それどころか、しばしば侮蔑的な言説さえ聞かれるのはなぜなのか、私にはまったく理解できません。彼は彼の後継者たちに、道徳の謎の考察という課題を残して逝きました。ですから私たちも、彼の問いかけを発達心理学的観点に基づきつつより簡明に問い直すことをとおして、彼が残した課題に、少しだけでも応えるよう試みてみましょう。私たちの問いかけはこうなります。「道徳に対する子どもたちの模倣衝動あるいは親近感は、いったいどこからやってくるのだろうか？」

この問いに敢えて答えようとすれば、その答えは私たちの時代にはそぐわないものになるかもしれませんが、とはいえそれはまた、この時代から強く要請されているものになるかもしれません。道徳に対する子どもたちの親近感は、天使が現存していることを表しています。この親近感は、子どもたちがこの世に誕生する前にいた世界から、つまり、彼らがなお彼らの天使と一体であった世界から携えてきた記憶の名残なのです。子どもたちのこの衝動、善きものに出会いたいという衝動は、子どもたちが天使と一体であった状態へと夜毎帰っていくことによって、繰り返し繰り返し、新たにされているのです。

では、その衝動は何によって新たにされるのでしょうか？ 天使は肉体を持つ人間とは異なり、善きものを知っているのでもないし、何が善きものであるかをあれこれの観点から判断しているのでもありません。そうです。天使は善きものそのものなのです。天使の領界へと足を踏み入れた人間の魂は、地上で空気を呼吸するように、善きものそのものを呼吸する状態に置かれます。ですから、日常的な意識と地上的な環境のなかへ帰ってきた人間の魂は、ある喪失感に捕われます。そしてその結果、一種の窮屈感が生じることになるのです。というのも、天使の領界での魂の呼吸は、地上でのそれとは比較のしようもないほど自由で、軽やかなものだからです。眠りの世界では、身体と魂は同時に呼吸しています。しかし、目覚めているときにはその呼吸にズレが生じ、そのズレが私たちの存在の一部に、いわば呼吸の供給不足を感じさせることになるのです。もちろん、こうしたことはイメージとして捉えるしかありません。しかし皆さん、このイメージを一度しっかり捉えるよう試みてください。そうすれば、私が次のように言ってもきっと肯かれることでしょう。目覚めているときの私たちは、潜在的な呼吸困難を絶えず感じています。これは、意識に浮上しなくなってはいますが、私たちの存在の深部に確かに存在している感情です。そして、この潜在的な欠落感あるいは窮屈感から、何かが頭をもたげてきます。それは誰もが知っているもの、あるいは誰もが口にしているものでありながら、それが何に由来し何に向けられているのか、本当のところは知られずにいるものです。それは、そう、郷愁です。

郷愁の内奥にあるのは、善きものへ、愛へ、安らぎへの憧れです。だからこそ深みに隠れている呼吸困難は、眠りのなかだけでなく、私たちが他者との共生のなかで愛と安らぎを与え合うときにも和らぐのです。なぜならそこでは、根源的な郷愁の一つが満たされるからです。これはもちろん、小さな子どもたちの場合でも同じですし、むしろずっと顕著に見られます。眠りの世界から帰ってきた彼らは、地上の世界に欠落感と窮屈感を覚えます。しかし同時に、あるいはだからこそ、善きものに出会いたいという、かの無意識の衝動が彼らの内に芽生えます。そして、善きものを身体に感じ取ることができたときには、まさにそのことによって、その欠落感と窮屈感は癒されます。このようにして、身体の誕生（かつての天上的世界からの身体的な隔たり）と結びついている欠落感は他者による慈しみや心遣いによって再び埋められていくのだという信頼感が、彼らの内に次第に育まれていくのです。ですから、私たちが彼らにしてやらなければならないのは、失われた（天上的な）故郷を、彼らが抱いている郷愁の感情をとおして、彼らの身体に移しこんでやることです。そしてそれは、彼らの身体に対する私たちの心遣いが、失われた故郷を思い起こさせるものであってこそ可能になるのです。これが、生命感覚の深遠なる不思議です。生命感覚が健康に育まれていればこそ、この、欠落感と窮屈感によって呼び起こされる郷愁は、繰り返される深い眠りのなかで次第に癒されていくのです。生命感覚はよく言われているような、単に身体的な状態を知覚するだけの感覚ではありません。生命体（エーテル体）に織りこまれた善きものの体験、安らぎの体験を伝えてくれる使者なのです。

教育と自己教育 ― 寛容の姿勢について

その際、子どもの形成力組織（エーテル体）にいわば愛情を染みこませて生命感覚の活動環境をつくり出すのは、ほかならぬ皆さんです。しかし、それをするのは皆さんだけではありません。それは皆さんだけでできることではありません。そこには天使が働きかけています。子どもたちは皆さんの愛情を受け入れ、その愛情に応えながら成長していきます。彼らはそうしたやりとりのなかで皆さんの振舞を模倣しつつ、他者を思いやる感情を身につけていきます。しかし皆さんが、皆さんの振舞を無条件に吸収していく子どもたちの無垢な魂に出会うことができるのも、天使の働きかけがあるからです。さらに子どもの身体が、最初のうちは違和感を覚えざるを得なかった新しい条件に比較的速やかに適応していくのも、天使の働きかけがあるからです。要約しましょう。子どもは、整えつつ力づけてくれる天使の手助けによって、善きものを内側から、身体的に体験します（夜）。それは身体器官だけではなく、生命感覚の成長をも促します。そしてこの天使の仕事を、皆さんのお骨折りが外側から支えます（昼）。

しかしこうしたことは、「道徳教育」や社会的判断とどのようにかかわっているのでしょうか？生命感覚は、道徳や社会的判断に関するどのような能力を育んでくれるのでしょうか？その答えは、今まで述べてきた事柄全体から、じかに引き出すことができるはずです。生命感覚は、内的な安らぎと調和、自分自身を全体として感じる感情、あるいはアイデンティティを感じ取る感情のための土台であると同時に、善きものの体験、憩いの体験を身体に記憶させてくれる感覚です。そして、それはそのようなものとして、私たちを内的な畏敬の念に沈潜させてくれます。静かに辛抱強く待ちながら、事物（他者）が語る言葉に耳を傾けるために、私たちは自らの内に静けさを保てなければなりません。忍耐、関心を保ちつつ待つ姿勢、畏敬の念、これが、生命感覚の土台の上に育まれる能力です。

皆さん、気づかれましたか？　そうです。今述べた事柄は、子どもの生命感覚に正しく働きかけるために教育者が身につけなければならない能力、あるいは内的姿勢と同じものです。私たちは一つの教育法則を見いだしました。教育者は、「生命感覚の土台の上に培った自らの魂の能力を、子どもの内に注ぎこむことによってこそ、子どもの生命感覚を育むことができる」、という法則です。これは、他の基礎感覚すべてに当てはまる法則です。つまり、メタモルフォーゼして魂のものとなった大人の資質は、それに対応する子どもの基本的な身体的資質に、治癒的に作用します。ですから皆さんが、忍耐強さ、平静さ、畏敬の念を身をもって示しているからといって、子どもたちがすぐに同じ姿勢を身につけるわけではありません。私たちはそのようなことを期待するべきではありません。そのような期待は根本的に間違っていますし、教育的にもよくありません。なぜなら、不適切な期待は不適切な影響を及ぼしてしまうからです。しかし今、子どもたちが、皆さんの内的姿勢を信頼に足るもの、自分を護ってくれるものとして体験するなら、その体験は、そのような内的姿勢を子どもたち自身が自ら育むようになるための土台をつくり出すことになるのです。

ここですでに私たちは、「天使は生命感覚に働きかけながら、未来へ向けてどのような道徳的能力を育もうとしているのか？」という問いにも答えたことになるでしょう。畏敬の念、関心を向けつつ待つ姿勢、忍耐、それは人と人とがかかわる際に望まれる極めて大切な能力です。人格形成にかかわる生命感覚は、やがて人格の一部となり、その人格に内的な落着きを与えます。そして私たちは、その内的な落着きをもって他者と向かい合えてはじめて、自分の立脚点に立ちながら、自分とは異なる存在である他者の在り方を理解し、受け入れ、その言葉に耳を傾けられるようになるのです。すでに述べましたが、生命感覚は自己の持続性とアイデンティティを感じさせる感覚として、つまりしっかりと組みこまれた自己意識として、一段階高い相に登場します。これはいわば、私たちが無私になる能力を獲得するための必然的な事柄です。自分の内にしっかりと錨《いかり》を下ろしていればこそ、私たちは自分から目を転じることができるのです。私たちがその能力を身につけていなければ、自分から目を転じる行為は、私たちに不安を抱かせます。そしてその不安はさらに、私たちの内に他者に対する不寛容を呼び起こし、自分の習慣、偏見、お定まりの共感と反感（好き嫌い）の場へと、私たちを大急ぎで逃げこませようとするでしょう。なぜならそうしないと、私とあなたとのあいだにある境界がぼやけてしまうように感じられるからです。ちなみに、自我に重きを置かない霊的流派《セクト》は、この心理学的事実を完全に誤認しています。もう一度繰り返しましょう。自分の内にしっかりと錨を下ろした自己意識のみが、本当に、自分自身に対して距離を置くことができるのです。

　事柄を明らかにするために、私とあなた、人と人とのあいだに働くものの内実を表す言葉を求めるなら、どのような言葉が考えられるでしょうか？　私には「積極的な寛容」という言葉が最もふさわしく思われます。積極的な寛容とは、先入観に囚われない姿勢、関心、忍耐、寛大さをもって、自分とは異なる他者の在り方を尊重すること、そしてさらに、その独自な在り方と振舞を正当に評価するために、自分にこだわることなく他者を真に理解しようとすることです。あらゆる角度から見て、私たち今日の人間にはこの能力が欠けています。そうです。私たちは皆、大なり小なり生命感覚の障害を引きずっているのです。ですから私たちは、どんなに大変でも、どんなに時間がかかっても、この寛大さを自らの自己教育をとおして身につけていかなければなりません。そしてその際、生命感覚の内実が広く語られるようになり、それが教育の場に取りこまれていくなら、その傾向は少なくとも、いわば子どもたちに揺りかごを与えてやることにはなるのです。他者に対する真の関心を育むには、よく鍛えられた生命感覚以上のものが必要ですが、ともあれ、関心を向ける際に求められる寛大さは、生命感覚に由来しています。

　まとめましょう。生命感覚は、内的な落着き、畏敬の念、忍耐、を生じさせるために必要な前提条件をつくり出してくれます。そしてそこから、隣人であるあなたをその独自な在り方において受け入れ、認める、積極的な寛容が芽生えます。

　ですから、私たちはこう言うことができるでしょう。生命感覚は、いわば眠りの状態にある身体を見守りつつ、魂にその状態を伝え、魂の内に自分の存在に対する信頼感を生み出そうとしています。そして天使は、身・魂のそのような在り方の内に、寛大さを身につけさせてくれる畏敬の念と忍耐力を植えつけようとしています。子どもたちは生後の数年間に、何よりも自分の身体に対する信頼感を育もうとしています。ですから私たちは、このことを念頭に置きつつ振舞うことによってこそ、天使のいとなみを助けることができるのです。私たちの振舞は子どもたちに、畏敬の念、忍耐、善きものを、今という時間のなかへ持ちこまれた未来の一片として感じ取らせるものであるべきなのです。子どもたちは私たちの振舞を模倣しつつ、こうした事柄の内実に親近感を覚えていくでしょう。皆さんのお子さんが目立って落着きのない‐興奮しやすいお子さんであったとしましょう。皆さんは夜毎、お子さんのことを思案しつつ眠りにつかれます。すると、皆さんはやがて、ご自分の内部で何かが次第に変わりつつあることにお気づきになるでしょう。自分の判断をスムーズに行動に移せるようになり、さらにはそれを当然のことと思えるようになるでしょう。冒頭でも述べましたように、そこには、新たな状況を感じ取る教育的な勘が生まれるのです。あるいは、適切な時間に適切なことをする一種の本能が生まれる、と言うこともできるでしょう。

簡潔に言うなら、落着きのない‐興奮しやすい子どもの場合には、守護天使との接触が特定の箇所でうまくいかなくなっているのです。寛大さとして豊かに結実する畏敬の念と忍耐力を培うべく、そのための土台を天使が準備しようとしているその箇所で。そのせいで天使は、その子のそばにやってくることができずにいるのです。すでに言いましたように、その理由はさまざまです。少なくとも皆さんが負い目を感じることはありません。大切なのは、問題の箇所での子どもと天使との結びつきは徐々に正していくことができるのだということ、そしてそれを皆さんが知っているということです。皆さんは特別の存在として、まだ正しく育とうとしていない子どもの魂の能力とそのための正しい土台を、ご自身の骨の折れる自己教育をとおして強めてやることができるのです。生命感覚がよく鍛えられていない子どもが求めているのは、私たちの忍耐、畏敬の念、内的な余裕であり、また、生命感覚が天使の意図に応じながら目指しているもの、そう、寛大さです。もしも私たちが、自分の家にそのような小さな暴れん坊を抱えているなら、私たちは即座に認めることになるでしょう。日常的な触れ合いの場に生じるあれこれに対して、寛容の姿勢をもって応えていかなければ、何ごともうまくはいかないということを。逆説的に聞こえるかもしれませんが、生命感覚の障害を取り除くためには、その障害そのものを、まずは温かく受け入れなければなりません。というのも、子どもが示すあれこれの振舞に対して、こんなはずではなかったと、一日中イライラしながら右往左往していたなら、畏敬の念や忍耐力を集めることなどできるはずもありません。

大切なのは、落着きのない - 興奮しやすい子どもをそのまま内的に受け入れた上で、その子としっかり向き合うことです。それが、私たちがとらなければならない最初の姿勢です。皆さんの教育的な意図が無私のものであるなら、つまり、よい子を育もうとしている「よい親」を演ずるためのものでも、延々とつづくいらだちを避けるためのものでもなく、ただただ子どものことを思い、その苦しみと将来に予測し得る困難を取り除くためのものであるなら、そう、そうであるなら皆さんは、天使のよきパートナーとなるのです。これは一般的にも通用する事柄です。しかし私たちはこのことを、落着きのない - 興奮しやすい子どもたちのためにこそ考えてやらなければなりません。自分は寛大さによって受け入れられているのだ、助けられているのだという体験は、そのような子どもたちにとっての本当に大切な体験となるでしょう。

触覚を探る

不安げな子・寂しげな子・落着きのない子・不安げな子・寂しげな子・落着きのない子

感覚器官としての皮膚

さて、次は触覚ですが、私たちはここでもこう問いましょう。「触覚の育成にかかわるとき、天使は子どもの内にどのような社会的衝動を植えつけ、芽ばえさせようとするのか？　そしてそのとき、天使はどのように振舞うのか？　触覚の場で子どもとその守護天使との接触が妨げられた場合、そこにはどのような問題が生じるのか？」と。私たちはまず、次のことを明らかにしておかなければなりません。触覚はものの手触りを、つまり軟らかいのか硬いのか、きめが細かいのか粗いのかを知るためだけの感覚ではありません。触覚の能力はより包括的です。とはいえ、私たちの手がものの表面的特徴を知ることができるのは、いったいなぜなのでしょうか？　この問いに対する手近な答えはこうなるでしょう。私たちは手のなかに感覚を持っているから、と。しかしこれは、いささか曖昧な表現ではないでしょうか？　私たちが今取り上げている「感能力」（Fühligkeit）は、正確には私たちのどこにあるのでしょうか？　そう、皮膚のなかにです。そして、あたりまえのことですが、皮膚に覆われているのは手だけではありません。身体全体が覆われています。私たちが指先で感じるものは、同様に身体のどの部位でも感じられますし、時には指先で感じる以上に強く感じられます。これは皆さんもきっと体験なさっているはずです。どうでしょう、とても心地よい手触りのものを手にしたとき、皆さんはどうなさいますか？　その心地よさをさらに強く感じようとして、それを頬や首筋にお当てになるのではないでしょうか？　頬や首筋は、舌や唇、うなじや太股の内側などと同じように、とても感じやすいところですから。要するに身体の表面、皮膚は、触覚の知覚器官なのです。敏感な部位も鈍感な部位もありますが、皮膚は全体として、私たちに絶えず触覚体験を伝えています。入浴すれば、それは全身の触覚体験になりますし、風が頬を撫でれば、それはそれで一つの触覚体験でもあるわけです。衣服を身につければ、それは一日中つづく触覚体験になりますし、立ち上がって歩き出せば足の裏で、腕や肘をつければ腕や肘で、背中で壁にもたれれば背中でというふうに、私たちはいつも触覚を体験しています。誰かと話しをすれば、それは舌や歯や口蓋での連続的な触覚体験ですし、まばたきの一つひとつも、小さな触覚体験にほかなりません。このように、私たちの触覚体験は極めて多様に拡がっており、しかも途切れることがありません。触覚のスイッチが突然切れてしまった状態など、まさに想像することさえできません。しかし皆さん、それでもなお想像してみてください。さて、どうでしょう？　ものに触れても、誰かと握手をしても、皆さんはまったく何も感じません。パンやリンゴを口にしても、硬いのか軟らかいのかさえ分かりません。立ち上がって歩き出しても、足の裏には何も感じられません。地面も何も感じることができません……。述べましたように、自分がどのような状態にあるのか、私たちは本当にまったく想像できません。もしもそのようなことになったら、それはいったいどのような結果を招くことになるでしょうか？

触覚による知覚はどのような性質を持っているか

まずは次の二つの事柄について考えてみましょう。私たちはこう問いました。「手で触れることによって、正確には皮膚接触をもって、あるものあるいはある実体をそれと見きわめることができるのはなぜなのか?」と。答えはこうなるでしょう。「なぜなら私たちは繊細な知覚器官である皮膚で、接触がもたらす印象を内的に感じ取っているから」と。ここでまず考えなければならないのは次のような事柄です。暗闇のなかで、球状の、冷たい、滑らかな、柔らかくはないけれどもさほど硬くもないものを手にした私が、「これはリンゴに違いない」と思ったとしましょう。すると、最初の接触とその後瞬時に生じた「そうか、これはリンゴだ」という認識とのあいだにはすでに、純粋な触覚体験には直接関係のない多くの出来事が経過していることになります。このことを具体的に思い描くためには、皆さんも同じように暗闇のなかでリンゴを手になさればよいでしょう。もちろん次のような条件のもとで。そう、皆さんにとって、リンゴは完全に未知のものでなければなりません。それ以前には見たことも触れたこともないものでなければなりません。さてどうでしょう? このような条件下ではどれほど時間をかけて探ってみても、それがリンゴだと分かるはずもありません。とはいえ私たちは、この未知なるものの固有の性質を知ることはできます。球状である、上部がへこんでいる、つるつるしている、ある箇所はかさぶた状になっている、などなど。しかし、これらの特性描写は判断につながる事柄です。さて、このような判断能力を触覚と呼ぶことができるでしょうか？　もちろんできません。なぜなら、触覚が伝える印象は判断のためのきっかけを与えはしますが、そのような特性に現れたプロセスそれ自体は触覚体験ではなく、触覚体験に結びついている意識の働きに由来しているからです。私たちはこのような体験を、記憶の底にしまいこまれている同じような体験とつき合わせて、そこに何らかの関連性を見つけ出すからこそ、つまり、知覚を思考によって補うことができるからこそ、一連の触覚印象をあるものの固有の性質と見なすことが可能となるのです。このことに関してルドルフ・シュタイナーは、さらにこう言い切っています。それは厳密には「私たちの身体に備わっている性質、触覚に固有の性質です」と。言い換えましょう。私たちは、触れることによって呼び起こされた印象を、自分の内に体験します。あるいはその印象を、魂の反応を伴う身体的な出来事として体験します。私たちはある内的状態の変化を感じ取り、その変化を「外的空間へ投げ返す」のです〔シュタイナー〕。これが、考えなければならない二つ目の事柄です。ここでまたルドルフ・シュタイナーを引用しましょう。「人間はある対象物と皮膚で出会います。… 人間がその対象物に出会い、知覚するもの、それはもちろん皮膚の内、身体の内に生じます。つまり … 触れることによって生じるプロセスは、人間の内に生じます」言い換えるなら、触覚による知覚は、物質的・外的世界の直接的接触に応じる内的共振です。私たちは触覚の仲介によって、まずは接触それ自体を、つまり物質的・外的世界との出会いを確認し、そのことによって、世界との境界を体験します。次いで、これはこのプロセスのより繊細な側面なのですが、身体全体が、接触のさまざまなニュアンスに対して共振体のように反応します。そうして私たちは、きめの細かさ・粗さ、鋭・鈍、硬・軟といった印象を与えるその「振動」が、身体全体に拡がっていくのを魂の内に体験します。触覚を理解するためには、このプロセスをしっかり心に刻みこんでおかなければなりません。魂のいとなみは、ある心理学的状態変化にかかわっています。次いで、その状態変化に対応する印象が、述べたような仕方でいわば意識によって捉えられ、外的世界へと、つまりそもそもの対象物へと投げ返されます。私たちが何らかの対象物に触れるとき、その触れ合いが繊細なものであればあるほど私たちの魂は、外界が身体の楽器に響かせる音楽に聴き入ります。穏やかな、感情豊かな触れ合いは、心地よい和音を響かせながら内へ内へと浸透していくでしょう。反対に、ぞんざいな触れ合いは鈍い和音を響かせ、不快な触れ合いや痛みを覚えるほどの触れ合いは、耳障りな不協和音を響かせるでしょう。触れるものが固有の性質をまったく備えていない場合には、繊細な感覚も何の役にも立ちません。そうです。プラスチックは、心地よく響く振動も不快に響く振動も生み出しません。それは魂の内に無の感情を、不安な虚無を拡げます。それはたとえば、美しい音色を聞こうとしてハープの弦をつまびいたのに何も聞こえてこない、といった感じに似ているでしょうか。もちろん聴覚の場合とは異なり、触覚の場合にはすべてが無意識裡に生じています。とはいえ、それはそのようなものとして、何らかの作用を及ぼしているのです。ところで皆さん、プラスチックについて否定的に述べたからといって、私はなにも画一的な自然回帰の訴えに同調しているわけではありません。いわゆる環境保護の視点は、プラスチックの製造を擁護することにもなるのですから。たとえば、木の製品が欲しいからといっても、森の木を際限なく伐採してしまってよいわけではありません。これは、原理主義的な視点をもってしては先へ進むことのできない、難しい問題です。とはいえプラスチックは、少なくとも子ども部屋では見ないようにしたいものです。私たちはそこでだけは、原理主義者であってもよいのです。絶え間なく点滅しているネオンの光を子どもに浴びせつづけていれば、その子はすぐにも視覚障害を持つことになるでしょう。子どもに多くのプラスチック遊具を与え、さらに化繊の衣服を着せていれば、それはその子に触覚障害を持たせるよう手助けしてくれることになるでしょうし、さらに、生命感覚にも障害をもたらしてくれることになるでしょう。なぜならこの二つの感覚は、極めて密接に絡み合っているからです。このことは皆さん、私がつい先ほど述べたことからもご理解いただけることと思います。そうです。触覚体験と身体的状態変化とは密接に関連しています。そして、そのような状態変化の知覚にはつねに、生命感覚の二次的機能が入りこんできているのです。

神的感情の浸透

自然素材に触れる体験が子どもたちの触覚形成にとっていかに大切であるかを明らかにするために、ここでもう一度ルドルフ・シュタイナーに登場してもらいましょう。彼は言っています。身・魂の共振現象としての繊細な触覚知覚には二つの側面があるのだ、と。一つの側面は、すでにご存じのように、外界の多様なニュアンスを感じ取っていくことによって、私たちは現象界の多様性の内に浸ることができるようになり、最終的には、事物の固有の性質を知ることによって、それらを識別することができるようになるということ、つまり、さまざまな内実に分節されている事物の世界を確認することができるようになる、ということです。しかし触覚知覚の場では、もっと根本的な事柄が生じているのです。「触覚において、きめの粗さ・細かさ、硬さ・軟らかさとして感じられるもの、それは外側へと投げ返されているものです」と、シュタイナーは言っています。そうです。これもすでに述べたことです。しかし、極めて多様な触覚印象のいわば共通分母をつくり出している知覚として、「内側へ放射し、完全に無意識の内にとどまる」もの、それをシュタイナーは「普遍的な実体性の浸透、存在それ自体の浸透」と表現しています。私の理解が正しければ、彼はここでは、物質現象が持つ隠された、神秘学的な側面について語っています。私たちが物質的外界の存在を認識することができるのは、私たちの神経・感覚系が、私という存在を他の事物との関連のなかにある個体として感じながら、同時に、それらの事物とは異なる個体としても感じているからです。私たちの神経・感覚系はそのように組織されているのです。物質の外的な側面で、私たちは触覚に仲介された自分自身の有限性を体験します。そして、その体験をとおしてはじめて、私たちは「外界の存在を確認する」ことができるようになるのです〔シュタイナー〕。境界のこちら側は私であり、境界のあちら側は他のものです。皮膚は、他のものが私に触れる場所です。触れ合いは触覚によって知覚されます。そして、私と世界とは隔てられているのだという意識、私という存在は他の被造物とは異なる存在なのだという意識が生まれます。身体的な自己体験をとおして世界から孤立することによってこそ、外界は私の前に具体的な世界として現れてくるのです。人間としての霊・魂のさらなる自律的成長は、この土台の上にこそ実現されていきます。私たちは触覚をとおしてこそ、外的な、物質的な、未知の世界を確認することができるのです。そうです。世界とのあいだに距離を保つことによってこそ、私たちは世界に対して、個体としての自分を主張することができるのです。これが物質現象の外的な側面です。私たちは自分自身を、他の被造物と異なる存在であると感じます。しかしすでに述べましたように、関連のなかにある存在というもう一つの隠された側面、他のものとのあいだの距離をなくしてしまうのではなく、いわば再び近づいていくという側面があります。物質という物質すべての内には、現象界の多様性を創り出した神的創造力が潜んでいます。ですから、私たちが物質に触れるときはいつも、その神的創造力との深い内的な触れ合いの感情が――これもルドルフ・シュタイナーの言葉ですが――「魂の内に放射する」のです。すべての事物を創り出した何か、そう、「すべての事物に浸透しているもの、私たちの内にも浸透しており、私たちすべてを保ち支えているもの」について、私たちは話すことができるはずなのです。シュタイナーは、この「何か」を「すべてに浸透している神的実体」と名づけ、その神的実体に対応する感覚的かつ超‐感覚的な体験を「神的感情の浸透」と表現しています。私たちはシュタイナーのこの言葉を、私たちの時代にはそぐわないかもしれないその言葉づかいに戸惑うことなく、できるかぎりそのままのかたちで把握するよう試みるべきでしょう。繊細な触覚をもって世界と意志とを相通わせることができるなら、私たちは、単に境界体験や、先ほど音の響きと比較した、物質が持つ固有の印象だけでなく、存在の根源との直接的な出会いを体験することができるでしょう。たとえそれが、隠された出会いであったとしても。そこでは、現実化された個々の現象すべてに内在しているその現実、サルトルのいわゆる「存在それ自体」が私たちに触れるのです。皆さん、このことについてもう少し話させてください。サルトルは「存在の内なる無」を明らかにしようとしましたが、シュタイナーは哲学者としてではなく感覚の内実を探る者として、まさにその反対を、つまり、つかの間の外的知覚に与えられた「存在それ自体」との出会いを確認したのでした。「虚無へと向かう」サルトルの形而上学に対する哲学的反論は、触覚現象を深く理解することからこそ生まれるでしょう。私は確信しています。知覚と意志に関する精神的《スピリチュアル》な心理学の助けがなければ、稔りある哲学的思索は不可能なのです。

触覚と関心――相違の体験、身・魂の共振、存在の確認

「最も大まかな仕方で絶えず外界とかかわっている」〔シュタイナー〕触覚は、同時に隠された仕方で、物質の内に刻印されている霊との最も直接的な触れ合いをもたらしています。次第に育まれて知覚器

官となった触覚は、外界の対象的存在だけではなく、物質的内実の多様性を体験させてくれます。そして、そのような内的体験のなかにこそ、物質の内に刻印された霊はその姿を現すのであり、だからこそ私たちは、存在の「全き確実性」について語ることができるのです。この存在の確実性は、すでに見てきましたように、思考のなかで獲得されるものではありません。思考だけでは、事物の世界に確かさを与えることはできません。ベクトルは逆を向いています。そう、事物の本質を捉える明晰な思考は、まずは魂の深層で、真の実在《リアリティー》が確認されてこそ可能になるのです。では、それはどのようにして可能になるのでしょうか？ この問いに答えるために私たちは、まず、触覚と世界とのかかわりに関する三つの側面について考えなければなりません。これはすでに述べたことですが、全体を見通すために、ここでもう一度概括しておきましょう。第一の側面は、境界体験あるいは相違の体験（対象的意識）、第二の側面は、事物に固有の性質を明らかにする、身体的共振に因る身・魂の共振、第三の側面は、「存在それ自体」の確認です。以上の順序は体験の深さに対応しています。つまり、出来事の全体は無意識裡に生じていますが、相違の体験は末端部で、共振は内と外とのあいだでまさに共振しつつ、存在の確認（「神的感情」）は秘かに行なわれています。私たちが世界の現実を思い浮かべ、生き生きと考えることができるのは、触覚によってまずは外へと押し返された現象界が、魂の内的かかわりをとおして再び体験の内へ取りこまれるからです。あるいは別の言い方をするなら、皮膚つまり繊細な知覚器官としての覆いあるいは境界が、その外側の世界を感知・構成して、私たちの意識に伝えてくるからです。触れる（手探りする）という行為が世界の実在を確認させてくれるものでなかったなら、私たちには何の現実も与えられなかったことでしょう。生まれたばかりの、まだ触覚が充分に形成されていない赤ん坊のように、内と外とを区別することさえできなかったことでしょう。何かを思い浮かべる（vor-stellen 前に - 置く）ことも他者とかかわることもできなかったことでしょう。というのも、何かを思い浮かべるには、前に置いて観察する距離が必要になるのであり、他者とかかわるには、関係のないところに関係をつくり出す能力が必要になるからです。触覚プロセスは、結びつきと近しさをつくり出す出来事すべてにかかわるプロセスなのであり、どのような種類のものであれ、それらを直接的に知るための土台を差し出してくれるプロセスなのです。触れる（手探りする）ということは、直接的な触れ合いをとおして、見知らぬものを見知らぬものとして認めると同時に、その本質、その固有の性質を静かに感じ取ることでもあるのです。もちろん、私は今、触覚体験の意志的側面、触覚と最も密接にかかわっている意識の在り方、積極的な関心について話しています。そうです。関心が頭をもたげるところでは、いわば私たちの師としての触覚が、そもそもの持ち場の外で働いているのです。こう言うことができるでしょう。純粋な関心は、秘かに高められた、より高次の相に現れた、触覚衝動にほかなりません。私たちはこのことを、心に刻みこんでおかなければなりません。

人間学と教育実践

さて皆さん、そろそろ私の「硬い話」に辟易なさっているのではないでしょうか？　しかし私たちは、まさに触覚の働きをこそ、一般になされている以上に詳しく考察しなければなりません。それは生活実践にとってはもちろんのこと、教育実践にとっても、多くの点で極めて稔り多いことなのです。「お子さんの触覚が立派に育まれるよう注意してやってください」と繰り返し聞かされても、何が問題になっているのか詳しいところは何も分からないというのでは仕様がありません。事柄は、それが備えている本来の「射程距離」をふまえて把握されなければなりません。基礎感覚の育成という事柄を、単に社会衛生的側面や精神衛生的側面からのみ捉えたのでは、その包括的な意味を捉えることはできません。皆さん、皆さんのなかには、身体感覚をテーマにした書物や講演に接した方々も少なからずいらっしゃるでしょう。そしてそのような方々は、そこから有益な助言を引き出すこともできたでしょう。「一般的な身体の世話は、子どもたちの魂に心地よさを与えるためにも、同世代の子どもたちとのよい関係をつくり出すためにも、非常に重要である」といった助言を。もちろんそのとおりです。しかしそれは、身体感覚の本質的な問題とはあまり関係ありません。ワイシャツの襟の清潔さが嚥下《えんげ》困難とは何の関係もないようにです。これはいささか言いすぎかもしれません。しかし本当に、あまり関係がないのです。生命感覚との関連ですでに述べたことですが、「これで台所の床掃除は終わった、次は洗面台だ、それが終わったら……」というふうに、子どもをいわば義務的に洗浄しても、まったく何にもなりません。毛穴のなかまで清潔にしていれば触覚が健やかに育まれるというものでもありません。今日私が述べているのは、ある深さを伴う事柄です。そして、そのような事柄が表面的に語られる場には、何らかの間違いが生じかねないのも事実なのです。単なる「感覚的」理解は、皆さんを勇気づけてはくれないでしょう。しかし皆さん、皆さんは教育現場の主役です。よりによってその主役が、その教育分野にとって決定的に重要な認識プロセスから遠ざけられているようなことがあったなら、あるいはその主役が怠惰を決めこんで――残念ながらそのようなこともないわけではないのですが――当の認識プロセスにかかわろうともせずに、与えられた処方箋に満足しきっていたなら、それは実に由々しき事態ではないでしょうか。

親御さんとお話しするときいつも気がかりになるのは、ご家庭で実践していただくための私の助言が、それは規則的に行なわれなければならない実践なのですが、どこまで人間学的に理解していただけたかということです。親御さんとの話し合いでは、双方共にかなりの時間とエネルギーを費やさなければなりませんが、しかしそれは、明らかにやりがいのあることです。話し合われた実践的課題がよく理解されていればいるだけ、その実践は行き届いたものになるからです。いや、それだけではありません。観察に基づく私の助言を親御さんが本当に理解なさっている場合には、話し合いはさほど長くはなりません。なぜなら私が話す事柄は、親御さんの側でもすでにお考えになっていた事柄であることが多く、話し合いの場は互いにそれを確認する場になるからです。触覚を育む専任的な立場にある者は、まずはすでに述べた相違の体験、身・魂の共振、存在の確認という関連を知っていなければなりません。つまり、存在（実在）の確認に向けられている触覚体験の意味と、その内実に深くかかわっている判断力と表象力（生き生きと思い浮かべる力）の在り方を知っていなければなりません。そして第二に、魂の、問いと驚きに伴われた愛情のこもった関心は、高められた触覚衝動にほかならない、ということを知っていなければなりません。こうしたことのすべてを考慮に入れてこそ私たちは、触覚を育むということが何を目指しているのかを理解し始めるようになるのです。子どもの守護天使が夜の側から働きかけ、つくり出そうとしている触覚の器、それを私たちは「現実感覚」と呼ぶこともできるでしょう。その器のなかには、どのような社会的能力が注ぎこまれるべきなのでしょうか？　触覚の成長障害を知り、その障害に向けて適切な手助けを与えるために、教育の場では何に注意を払っていけばよいのでしょうか？

理解するということは？

この問いについて具体的に考えていく前に、少しのあいだ、つい先ほど確認した事柄について話させてください。私たちはこう確認しました。「触覚は、具体的な現実を生き生きとした思考のなかで把握するための土台にもなるのだ」と。すでにお気づきでしょうが、私はこの「生き生きとした思考」という言葉を何度も用いています。なぜなら私は、思考という言葉を、自然科学分野や自然科学に基づく哲学分野に往々にして見られるような、内実の関連性に意を払わない、しばしば小難を避けようとして大難を招くこともあり得る、対象的かつ客観的な論理性を持つものとして用いているのではないからです。とはいえ、そのような論理的思考は、用い方によっては充分に敬意を表する価値のあるものなのですが。論理的な思考は、たとえば、何ごとかを判断する際、そこに個人的な好き嫌いを持ちこまないようにするためには有効に働きます。しかし、この論理的な思考は、直接的な体験の場に姿を見せる現象の後ろ楯なしには、さまざまに紡ぎ出されていく「感覚的」見解の曖昧さを身にまとうことになり、ひいては、私たちを非現実のなかに、つまり、生命も魂も持たない「知性」の幻影のなかに連れこむことにもなるのです。そのような知性の場では、自然現象を捉える私たちの感覚には単なる副次的な役割しか与えられておりません。なぜならそこでは、主観的に捉えられた知覚には客観性へと通ずる道が用意されているということが、見落とされているからです。あるいは別の言い方をするなら、個的体験の門を通り抜けてこそ踏み入ることのできる普遍的事実の領域があるということが、見落とされているからです。分子生物学者や宇宙物理学者たちには、たとえば心理セラピストには厳しい自己観察が課せられているように、ゲーテの色彩論に基づく知覚訓練や、フーゴー・キューケルハウスの方法による感覚訓練などが課せられるべきではないでしょうか？　そうすれば、実験室のなかやコンピュータの前で働いている研究者にも、当の研究にとっての不可欠な補足が、現象の側から与えられることになるでしょうから。直接的な触れ合いの場で語られる現象の言葉に耳を傾ける能力は、彼らにも求められているのです。そして、彼らもやがて気づくことでしょう。現象が語る言葉にも一つの文法があることに。

今日は、嗅ぐ、聞く、味わう、見る、感じるといった私たちの直接的な体験よりも実験室での分析結果の方に、また、感じてそして理解するという私たちの能力よりもデジタル方式の測定器の方に、高い価値が置かれています。自然や社会に生起している生き生きとしたプロセスが身近に観察されなければ、切迫した問題に対する望ましい答えは見いだされるはずがないにもかかわらず。そう、私たちは、高度に発達したテクノロジーや圧倒的な量の情報に囲まれてはいますが、そのようなアプローチが絶望的に不足している世界に暮らしているのです。観察者は深くかかわる場に生まれる驚きによってこそ有効な結果を得ることができるのだということを、人々は忘れてしまっているようです。クールに距離を保つことは必ずしも最良の助言者であるとはかぎりませんし、距離を縮めることは窮余の非科学ではありません。いや、反対です。認識対象に対する配慮ある心遣いと、そのような心遣いを伴う認識努力によってこそつくり出される、一種の現実関連というものがあるのです。「現象の言葉」を理解しようとする者は、現象の姿を傷つけないよう心がけ、現象それ自体がその本質を明らかにするのを待つでしょう。そしてそれは、現象が有する尊厳に意を払うことによってこそ可能になるのです。

樹幹の尊厳、結晶の、風の、水の尊厳、それらは感じ取ることができるのです。注意深く触れること以上に、あるいは、その触れ合いが呼び起こした感情に耳を傾けること以上に、未知のものの尊厳をはっきりと体験させてくれる出会いはありません。ですから、その他のどのような出会いも――もちろんそこでも、認識努力と配慮ある心遣いは結びついていなければなりませんが――触覚による出会いがもたらした子孫なのです。皆さん、科学批判の陳腐な哀歌で皆さんを煩わすつもりは私にはありません。昨今の道化という道化は、そのような哀歌を歌いたくてうずうずしているようではありますが。しかし私たちは、触覚体験に由来する意識の荒廃について、それが極めて深刻であるがゆえに、語らないわけにはいかないのも事実なのです。そう、それはまさに、危機的徴候を示していると言えるでしょう。私たちが再び学び直さなければならないのは、触覚の原体験が教えてくれている神的創造へのまなざし、すでに述べたような、関心に伴われたまなざしです。そのまなざしは、獲物を解体するように事物を解体することはありません。控え目に、事物の上に注がれます。敢えて答えを引き出そうともせず、理解したいという意図の他には何の意図も持たずに、問いかけながら。

世界との愛に満ちた触れ合い

ルドルフ・シュタイナーによれば、「それは、外的プロセスに対する自分自身の内部からの反応です。

この外的プロセスは、他の感覚体験には見られない仕方で、まさにその体験、触体験の内に存在しているのです」ですから、私たちに「もしも触覚が与えられていなかったなら、私たちは神的感情を持つことはできなかったでしょう」私たちは、触れることによって外界を深く内的に体験しています。そのような体験を持っているからこそ私たちは、外界は存在するのだという確かな感情のもとに、外界を理解することができるようになるのです。シュタイナーはこの確かな感情を「神的感情」、あるいは「神的実体」の浸透と呼んでいます。外界と「最も大まかな仕方」でかかわっている感覚が、決して「大まか」ではない確かな体験をもたらすものであり、さらに事物の固有の性質を伝えてくれるものでもあるということは、実に不思議なことではないでしょうか？ そうです。触れたときの肌合いの粗さ、力を加えて押しつけたときの硬さ、表面を撫でたときの抵抗感……から、私たちがこれは樹皮に違いないと思うとき、例えば「何か硬くてざらざらするものに強く触れたとき、私は擦過傷を負ってしまった。私が触れたのはおそらく一本の木の幹だったのだ」など、そこには、触体験以外の多くの感覚体験が加わってきているのです。

　触れたときの感触や抵抗感がどのようなものであるかを特徴づけるには、触覚の他に平衡感覚や運動感覚が必要になりますが、そこにはまた、快・不快の内的状態変化を伝える生命感覚も、さらには、そのプロセス全体を体験に基づきつつ分析・整理する概念的思考も加わってきています。しかしこうしたことのすべては、出来事全体に対して中核的な位置を占めている触覚の意味を減ずるものではありません。出来事の全体は、まずは触覚の外的接触から始まり、その接触による共振現象によって特徴づけられます。だからこそ、体験の個別化とその分析・整理が可能となるのです。そう、すでに述べましたように、そこには多くのものが共に作用しています。しかし触覚は、そのような作用の場に見られる多様な現実内容に、基本的な土台を提供しているのです。

さあ、話しを先へ進めますが、これから述べることは、先ほどの樹皮の例を思い出せば容易に理解していただけるでしょう。接触が強ければ強いほど触覚の境界体験が、つまり拒絶に到るまでの相違の相が優勢になり、私たちの身・魂全体がその体験に強く反応します。そこでは同時に、平衡感覚、運動感覚、生命感覚がいわばいらだっているのです。反対に、接触が柔らかければ柔らかいほど共振の相が前面に押し出され、私たちは当該の印象に向けて自らを開きます。ここでは、平衡感覚、運動感覚、生命感覚がいわば一同に会し、調和し、共鳴しています。これは私の考えでは、前‐意識的な関心と言える状態であり、この関心が柔らかく育まれていけば、そこには次第に意識的な判断力が培われていくでしょう。かなりつづめて述べましたが、これは子どもたちの触覚を育んでいくための極めて重要な事柄です。子どもたちが、積極的な関心あるいは「存在それ自体」への全幅の信頼という土台の上で、健康な判断力を身につけていくためには、いわば余韻のようにそこにとどまる柔らかな肌触りが必要です。触覚を体験する場に、硬い境界体験ではなく内的共振が呼び起こされ、それが優勢を占めるなら、それは私たちの深い内部に、かの「神的感情」を呼び起こしてくれます。そして、私たちの内に深く隠されているこの神的感情は、特に青少年期に多く見られる苦痛に満ちた不確実感――触覚が充分に発達していない場合には病的なものにさえ高まりかねない存在への懐疑、「私は本当に存在しているのだろうか？　ものも人も本当に存在しているのだろうか？」——　を解消してくれるのです。

簡潔に述べましょう。この「神的感情」は触覚の内に生まれます。それは、誰もが知っているはずの存在への懐疑に打ち勝つよう助けてくれる、世界との愛に満ちた触れ合いをつくり出します。皆さんには肯いていただけることと思いますが、愛とは決して受動的なものではありません。愛にはつねに、心の内で深く秘かに育まれているある活動性が内在しています。ある印象が私たちの内に深い感動を呼び起こすものであればあるほど、私たちはその感動を壊してしまわないように、知覚主体としての主体性は保ったまま、より慎み深く振舞うでしょう　——ここで私は「知覚主体としての主体性は保ったまま」と言いましたが、このような姿勢を保つことができるのも、外界からの印象に自らを失うことがないようにと、私たちに境界体験を与えている触覚が保証してくれているからです——。一方、粗野でぞんざいな接触が見られるところには、感知力の欠如が見られます。対象に対して無感情・無頓着に、もっぱら打算的な好奇心から振舞う者は、その対象が何であれそれらに強く惹きつけられるや否や、自らの側にとどまっていることができずに、自分の境界を超えてよろめき出てしまいます。知覚主体としての主体性を保てずに、対象の印象に負けてしまうのです。そう、ただ好ましいというだけで「陶器店のなかのゾウ」のように振舞い、物事をぶちこわしてしまいます。また、これもよく知られていることですが、印象があまりにも受動的に受け入れられているがゆえに、その対象にただただ心酔してしまうというパターンがあります。ここにはやがて、その対象以外の他者に対する反射的な抵抗や拒絶が見られるようになりますが、この防御の身振りにもやはり感知力の衰弱が見られます。このような状態にある者は、もはや誰も近寄らせたがりません。本能的に自らの内に閉じこもってしまいます。こうしたプロセスについては、拙書『不安の謎』に詳しく述べられています。

近しさと痛み

私たちの魂は過剰に揺さぶられたりまったく反応しなかったり、また率直だったり偏狭だったり、あるいはまた共感や反感を覚えたりと、つねに両極端のあいだで揺れ動いていますが、触覚はそのような魂の在り方の内に、健康で流動的な中間状態をつくり出そうとしています。よく鍛えられた触覚は、メタモルフォーゼして霊・魂と世界とのかかわりを調整する能力を持つに到り、正しい自己意識を生じさせ、そこに積極的な関心を生み出してくれます。皆さん、これは特に小さなお子さんをお持ちの方々に向けて強調したいのですが、こうしたことを深くお考えになるなら、それは、お子さんの天使と共に一つの器を用意することになるのです。そう、後に、学齢期から青年期にかけて、天使がそのなかに世界に対する配慮の心を注ぎこめるようになるために。さて皆さんもお察しのように、私たちは今、高度な社会的能力について語っています。社会的能力は、まずは物質的世界との交わりをとおして鍛えられ、後に社会的・人間的なかかわりのなかで、その洗練された特性を発揮するようになるのです。

寛容をもって他者と向き合えるようになるためにと、その土台を生命感覚が用意するように、最初のうちは手探りしつつ現実を確認している触覚は、すでにその内に、配慮ある生活態度への芽を育みつつあります。これに反して道徳的なお説教には、それがどのようなものであれ、ほとんど意味がありません。なぜなら真に道徳的な行為には、前提として教えこまれたのではない、いわば息づいている理解力が伴っていなければならないからです。この理解力は、自分自身を知覚する身体感覚（基礎感覚）の土台の上に培われます。身体感覚は主として自らの身体的状態を知覚するものであるとはいえ、世界の関連を調整することに大いに責任があるのです。

模倣したがっている子どもの魂が持つ善きものへの親近感、そう、その内に高次の自我とも呼ばれる天使が姿を現す親近感は、触覚領域に刻みこまれます。だからこそ、お子さんに注がれる皆さんの愛情は、時の経過と共に社会的な意志衝動へとメタモルフォーゼする感謝と信頼の感情を、お子さんの内に呼び起こしてくれるのです。皆さんの愛情は子どもの身体に、期待が満たされるようにして受け入れられることでしょう。子どもの存在全体に、何かが寄り添うことになるのです。天使の仕事場である眠りの庇護から目覚め出るとき、子どもはそこから私たちのもとへと、一つの期待を携えて帰ってきます。帰ってきた子どもに対して私たちが、いわば天使の仕事を引き継いださまざまな心遣いを示しつつ接することをとおして、「やはりここでも自分は包み護られているのだ」という安心感を与えてやるなら、そしてさらに、触れられることの柔らかい心地よさを体験させてやるなら、それは、子どもの期待に対する満足のいく応えとなるでしょう。そうです。そのとき私たちは、外を代表する者なのです。すべての子どもに避けがたくやってくる現実との出会い、痛みを生じさせることもある現実との出会いは心地よいものでもあり得るのだということを、私たちは子どもの意識の内に持ちこんでやらなければなりません。それは子どもにとって、文字どおり皮膚の上に生じる信頼を培うための極めて大切な経験です。社会的能力を養うには、まさに自分という存在に対する全幅の信頼が必要になるのです。出会いの近しさは痛みをもたらすものなのだと絶えず不安を覚えながら暮らさなければならないのだとしたら、私たちは他者と真に向き合うことはできないでしょう。なぜなら、他者と向き合うということは近しい出会いを意味しているのに、近しい出会いを求めれば、その出会いには痛みが伴うことになるのですから。このように、人間的成長に関する事柄は驚くべき仕方でかかわり合っていることに、私たちはここで再び気づきます。道徳教育について語るのであれば、感情と意志の育成についてこそ語るべきなのです。そしてまた、だからこそ、感情と意志の土台となる感覚の育成が大切になるのです。

空間的な境界を持つ身体的な自己

天使は夜その仕事をするのだと私は言いました。内側から力づけつつ‐整えつつ代謝プロセスに働きかけている天使の仕事の内実は、生命感覚の育成です。一方、私たちは、忍耐強い敬虔な感情をもって子どもに接し、鎮めつつ、リズムをつくり出しつつ、温めつつ、身体的な心地よさを教えていかなければなりません。しかし、私たちにできることはそれだけではありません。忙しさにかまけて上辺だけで振舞わないように努めつつ、子どもを取り巻く環境のなかで忍耐と畏敬の念をもって振舞うなら、私たちのその振舞は子どもの内で繊細に模倣され、取りこまれ、身体の内にまで調和的に作用していくでしょう。すでに述べたことですが、まさにこのような点で問題を抱えている子どもたち、落着きのない‐興奮しやすい小さな暴れん坊たちは、何もかも柔らかい綿にくるんでしまう甘やかしではなく寛大さこそを頼りにしています。言うまでもないことでしょうが、甘やかしと寛容は、大きく異なります。落着きのない‐興奮しやすい小さな暴れん坊たちには、自分の行為が引き起こしたあれこれに対する責任を自覚させてやる必要があります。とはいえ彼らの在り方そのものを、彼ら自身にさえも疎ましく思わせてしまってはなりません。小さな彼らは、寛容を伴う正当な評価を大いに期待しています。そのような評価から導き出された私たちの手助けが不快な干渉と受け取られ、彼らを苦しめることがあるとしても。当然のことですが、落着きのない‐興奮しやすい小さな暴れん坊たちに対する積極的かつ教育的な寛容は、教育者自身の自己教育がなければ実現されるはずもありません。皆さん、私たちを導いてくれる教育的モットーを、ここでもう一度繰り返しましょう。「魂の内へとメタモルフォーゼされた大人の資質は、それに対応している子どもの資質に、つまりその身体的な在り方に治癒的に作用します」

触覚の場合はどうでしょうか？　私たちはこう言うことができるでしょう。「天使は、生命感覚を育むためには生命プロセスを力づけつつ‐整えつつ働きかけているが、触覚を育むためには輪郭づけつつ‐形成しつつ働きかけている」と。子どもの身体においては、もっぱらその眠りのなかで、いわば彫塑的に働きかけている諸力が活動しています。それらの諸力は、昼のあいだに大なり小なり消費され、夜のあいだに再生します。成長しつつある身体はそれらの諸力によって、人間としての一般的な体型と、男女の性それぞれに特有の体型を身につけていきます。いや、それだけではありません。私たちが自分の身体輪郭を把握していられるのも、つまり、自分の身体的プロポーションや空間に占めるその大きさに対する確かなイメージを持っていられるのも、それらの力のおかげです。ルドルフ・シュタイナーは、著作『アントロポゾフィー』のなかで感覚について述べていますが、そこにはこうあります。人間は生命感覚をとおして「空間を占める身体的な自己」を体験する、と。これは、触覚に関してはこう言い直すことができるでしょう。人間は触覚をとおして「空間的な境界を持つ身体的な自己」を体験する、と。先に述べた「包み護られている」という感情も、このことに基づいています。そして、そう、私たちがこうした感情を持てるのも、眠りのなかで密かに生じているプロセスのおかげなのです。数日間まったく眠らずにいたことのある方ならよくご存知のはずですが、このプロセスが妨げられたとき、私たちはどうなるでしょう？　もちろん、ひどいことになるでしょう。自分の身体がどれほどの空間を占めているのか、自分の境界がどこにあるのか、極めて曖昧になってしまうでしょう。では、その結果はどうなるでしょう？　距離感が狂って絶えずどこかにぶつかるでしょうし、身体のあちこちが膨張してしまったかのように感じられたりもするでしょう。とにかく何をするにせよ、ギクシャクしてしまうことでしょう。こうしたことが起こるのは、身体の輪郭が曖昧になるということからだけではなく、同時に運動感覚や平衡感覚も乱されているからです。しかしこの身体に関する不如意は、さらに、由々しき事態を招きかねないものでもあるのです。よく知られているように、睡眠不足は情緒的な過敏症を引き起こします。すべてが攻め寄せてくるかのように感じられ、たとえば、どこからともなく聞こえてくる雑音にいわば取りつかれてしまって、何も手につかなくなってしまいます。これは誰もが陥りがちなヒステリックな反応と同じですが、こうした反応が生じるのは、身体の輪郭が曖昧になることによって、魂の内にある「包み護られている」という感情が失われてしまったことに因っています。「神経の衣が薄い」という言い回しは、この辺のいきさつを表しているでしょう。どういうことかと言えば、感覚器官としての皮膚——私たちはそれ（衣）に覆われていると感じています——が、触れてくるあれこれに対して敏感に（薄く）なりすぎたのです。これは、身体の輪郭、包み護られているという感情を確認する側面に対して、敏感な感じやすさの側面があまりにも強く前面に押し出された、ということです。ところでこれは、他のすべての感覚にも当てはまる法則です。つまり感覚機能はすべて、状態を確認する側面と敏感な感じやすさの側面を備えていますが、この二つの相は、おおよその釣り合いを保っていなければならないのです。

地上への誕生

先へ進みましょう。大きなストレスに押しつぶされていないのであれば、私たち大人は大体において健康な生活を送ることができるはずです。しかしここで私たちは、「人間は地上世界によく順応し得る身体輪郭を携えて生まれてくるのではない」ということを明らかにしておく必要があります。小さな子どもたちは、自分の身体境界に関する確かな体験をまだ与えられていませんから、包み護られているという感情もまだ抱けずにいます。それは、長い時間をかけて次第に体験されていくものです。ですから、慣れない環境に囲まれることになる小さな子どもたちは、当然のことながら大きな不安を覚えざるを得ないのです。ところがこうした観点においても、世間では実にばかげたことが多々述べられています。そう、ちょうど先週のことです。ある児童書と心理学教本を相前後して読んだのですが、そこには次のような記述がありました。不安とは本来、経過していく生活のなかではじめて獲得されるものなのだ、と。その児童書の主人公は五歳くらいの子どもですが、そこには次のような内容が繰り返し述べられていました。今のところは幸運なことに、世界はまだ暖かい太陽の光に満ち溢れている。しかし残念ながら、厳しい現実が用意している不安との出会いはすでに間近に迫っているのだ、と。これはこれですでに、現実離れした見解の典型とも言うべきものですが、心理学教本には、それどころか次のような記述がありました。不安に苛まれている人々に対する最良のセラピーは、彼らの心的状態を幼児期のそれにまで連れ戻してやることであろう。なぜなら幼児期の魂は、不安というものをまったく体験していない状態にあるはずなのだから、と。このような間違った見解は、実際にはどうなのかを観察することもなく、幼年期に見られるあれこれのすべてを、ロマンチックにいっしょくたにしてしまうことに因っています。しかし、私たちは理解することになるでしょう。不安は、人間に条件づけられている事柄の一部として、つまり抗うことのできないものとして、そもそもの始まりから存在する、と。

この世に生まれ出ること、それは当の子どもにとっては、不安の海へ投げ出されることにほかなりません。出生にはいわゆる精神的外傷《トラウマ》が伴うのだと、つまり出生自体がトラウマ体験であるのだと主張する人々は、「すべてと共に在る」幼児期の至福を説き広めている人々よりは、まだしも事柄の本質に添っていると言えるでしょう。しかしその見解は、真実の一端を表しているにすぎないものであるがゆえに、大きな誤謬を招き寄せてしまうものでもあり得ます。真実は極めて単純な事実の内にあるのです。小さな子どもたちは、まだ霊的・神的世界と極めて親密に結びついています。ですから、彼らは本当のところは、かつての世界へいつも帰りたがっているのです。子どもを授かったこと、それは私たち親にとってはこの上ない幸せです。また、私たちに心から迎え入れられたこと、それは子どもにとっても、地上における最上の幸せでしょう。それはそうなのです。しかし、生まれたばかりの小さな子どもが話すことができたなら、その子は私たちにこう語りかけることでしょう。「ボクはお母さんとお父さんが世界中で一番好き。世界中で一番大切な人たち。だからこそ、お母さんとお父さんのところにやってきたんだ。でもボクには、優しく護ってくれる、本当に安心できる場所があるんだ。とはいっても、そこにしょっちゅう居るわけにはいかないんだけどね。お母さんとお父さんはボクにとてもよくしてくれているけれど、その場所の代わりにはならないんだよ。分かってもらえるかなあ？ボクがその場所にさよならを言わなければならなかったときは、それはそれは辛かったんだよ。もちろん、自分からせいいっぱいに望んだことでもあるんだし、そうなるまでには、これ以上はできないってほどの準備もしたんだけどね。でも、その場所に元気よくさよならを言えるようになるまでには、これから先とっても長い時間がかかるんだよ」と。その子はおおよそ、このように話しかけることでしょう。皆さん、お分かりでしょうか？これが、小さな子どもたちがいつも眠りたがっていることの深い理由です。私は今「しなければならない」という言葉ではなく、「したがっている」という言葉を意識的に用いました。もちろん、彼らはよく眠らなければなりません。しかし、彼らがよく眠るのは、かつての懐かしい場所への深い郷愁があるからこそなのです。生まれたばかりの子どもにとっての眠りとは、我が家に憩うことにほかなりません。生まれたばかりの子どもたちは、私たちのところ、この地上の環境を、まだ本当に我が家と感じているわけではありません。長い時間をかけて次第に慣れていかなければならない、未知の世界なのです。だからこそ、子どもに信頼感を与えてやることが、私たち教育に携わる者にとっての基本的な仕事となるのです。信頼すること、それはまさに不安の克服を意味します。子どもは、寝入るときはいつも天使のもとへと帰っていき、包み護ってくれていたかつての世界を体験します。そして、天使はといえばいつも、やってきた子どもに向かって、君は再び未知の世界へ帰らなければならないのだ、すべてを一度に手にすることはできないのだと諭すために、大いなる忍耐を強いられます。もちろん、子どもが天使にねだるからです。「確かに地上には大好きな両親も居るし、楽しいことも、きれいなものも、刺激的な目新しさもたくさんあるよ。だけど天国に居るときの、時間を全然気にしなくてもいい気楽さも、やっぱり欲しいんだよ」と。子どもたちはかなりの気むずかしがり屋です。ですから彼らは、あれやこれやの些細なことにもすぐに泣き出して、私たちを困らせます。私たちは、子どもたちが慣れ親しんでいたかつての場所の、その棲みやすさの消息を、はっきり感じ取るよう努めなければなりません。それにもかかわらず私たちは、そのあまりの「わがまま」を懸命にあやしつけなければならなかったり、我慢がならずについイライラしてしまったりと、まあ実に人間的なことだとは思いますが、翻弄されてしまうのが常ではないでしょうか？　もちろんそれは、「わがまま」などではありません。彼らはただ新しい環境になかなか馴染めずにいるだけなのです。ですから私たちが、甘やかしの代わりに愛情に満ちた、しかし同時に事態に即した配慮をもって、本当はそうではない「わがまま」に対するいらだちをある教育スタイルへと変換させることができるようになれば、私たちは横になってゆっくり休息することもできるようになるでしょう。ある教育スタイルと言いましたが、それは彼らに、時には諦めなければならないこともあるのだし、不愉快であっても自分で何とかしなければならないこともあるのだと、節度をもって教えるためのスタイルです。生意気にも命令口調が身についている小さな王子様やお姫様、目を向けるだけで――これはある点ではまさにそのとおりですが――望みという望みが叶えられていた小さな王子様やお姫様に対しては、ユーモアの一皿が必要です。しかしその際、決して忘れてならないのは、私たちも、彼らが味わう苦労を和らげてやることができる立会人なのだということです。

とはいえ私は今述べた事柄に、あまり太いアンダーラインを引こうとは思いません。また別の側面もあるからです。新しい生活に対する子どもらしい肯定、この世のなかへ勇んで足を踏み出そうとしている嬉々とした振舞、そして、この世の奇跡に向けられた驚きに満ちたまなざし……、子どもたちのこうした肯定的な側面を力づけ、引き出してやるために、私たちはまさに、子どもたちを迎え入れるにふさわしい環境を用意してやらなければなりません。そうです。新しい、未知の世界を信頼することができるように、彼らを助けてやらなければなりません。そうです。彼らの不安を克服させてやらなければなりません。そしてその際、幸せなことに私たちは、眠りの世界へ向かうときはいつも、期待と信頼を寄せるにふさわしい、頼もしい存在に助言を求めることができるのです。子どもたちの身体と魂は、こうして強く結びつけられていくのです。夜毎天使が、力づけ、整え、輪郭づける衝動に向けて注ぎこんでくれたものは、こうしたことを土台に、昼間のあいだにもさらに作用しつづけます。私たちはその衝動を別の側から支えなければなりません。たとえば、クリストフ・リンデンベルク[9]が述べているように、「存在と確かさの感情を伝えてくれる」身体感覚を鍛えてやることによって。

教育と自己教育 ― 心配り

「天使は眠りのなかにいる子どもの身体をまるごと柔らかく包みこみ、身体的な成長を促す力を伴った、輪郭づけようとする衝動を、子どもの身体にかぎりなく優しく注ぎこんでくれているのだ」というイメージを、そのまま、まじめに受け入れることができるなら、眠りから目覚めた子どもたちがどのような期待を抱いて私たちのもとへ帰ってくるのかを推し測ることができるでしょう。身体を心地よく感じさせようと力づけつつ - 整えつつ働きかける私たちの働きかけを、子どもたちは期待しています（生命感覚）。また、身体輪郭を把握させ、存在への信頼を身につけさせるべく、輪郭づけつつ包み護ろうとする私たちの配慮を期待しています。子どもたちが自分の皮膚や身体の輪郭を把握することができるように、私たちはできるかぎりの手助けをしてやらなければなりません（触覚）。自分の身体の独自な在り方を知るために、また、触れられるということは不安を覚えなければならないものでは決してなく、近しさと確かさ（安心感）を同時に与えてくれるものであることを体験するためにも、子どもたちはいつも母親や父親の手の柔らかい確かさを求めています。しかしすぐに、本当にすぐに、身のまわりにあるものなら何でも積極的に触りたがる時期がやってきます。ですからそこにはすでに、信頼への確かな土台が築かれているのでなければなりません。触れ触れられる場面に避けがたく伴う痛みの体験にも驚かされずにすみ、たとえ冷たい風が吹きつけても、棲み家としての自分の身体に護られているのだと感じられるように。包み護られているのだという体験、近しく感じるという体験――この反対は、触れ触れられることへの不安と結びついている無支持感あるいは無防備感です――の内へと身体性を超えて浸透していくものは、後に、人格を形成する要素、自我と世界との内なるつながりを形成する要素となるのです。自分の在り方（自己）を信頼し得るものと感じること、それは、自分の身体に対する信頼感を土台にしています。そう、特に触覚に仲介された基本的な体験、自分の身体は安全圏としての身体的境界によって護られているのだという体験を土台にしています。子どもが後に、霊・魂を持つ存在として、安心できる我が家にいる自分を感じることができるようになるかどうか、自分の気持ちや考えを自分の世界として、つまり他でもない自分に属する世界として体験することができるようになるかどうか、それは少なからず、初期の触覚体験がどのようなものであったかにかかっています。それに対して、この基本的な信頼感から、すでに述べましたように、思いやりや心配りなど、社会的な能力を育む感受性豊かな、積極的な関心が生じ得るかどうかは、触覚の繊細さにかかってきます。

では、触覚の繊細さを育むにはどのような心配りが必要になるでしょうか？　とはいえ皆さん、このことをあまり大げさには考えないでください。過剰なこだわりは皆さんの内に「これでよいのだろうか？」という不安な感情を呼び起こし、皆さんの振舞をぎこちなくさせることになるでしょう。そしてそれは子どもの内にも伝わって、まさに同じように、不安な戸惑いを覚えさせることになるでしょう。私たちはただ柔らかく触れてやることによって、子どもに皮膚の境界を意識させ、そこに安心感と信頼感を呼び起こしていくよう働きかければよいのです。たとえば身体の面倒をみてやるときにも、いわばたわむれながら触れるなどして。さて、私はこのことを「柔らかい確かさ」という言葉で表しました。この言葉には身体境界を体験させる確かさと、近しさを感じさせ心を開かせる柔らかさが共に含まれているからです。あたりまえのことですが、私たちの心配りが単に実利的・衛生学的な要請に応えるものでしかなかったなら、それは極めて大まかなものになってしまうでしょう。心配りというものは、子どもが痛がらなければよいというものではありません。そのような心配りそれ自体が感情を傷つけてしまうからです。私たちに必要なのはあれやこれやのテクニックではなく、私たちの心配りの微妙なニュアンスをそのまま伝えることができるような、ある内的態度を身につけることです。もちろん、ある子どもがこのような点で特に助けを必要としていることに気づいたときには、その子の触覚育成に向けて適用し得る具体的な措置もあるのですが。しかしそのような措置においても、それをどのように行なうかが決定的になるのです。皆さん、こんな場面を思い浮かべてみてください。子どもがお母さんかお父さんと一緒にお風呂に入っている場面です。さあその子は、清潔でいなければならないという理由から洗われているのか、包み護ってやりたい、存在への信頼を強めてやりたいという思いからきれいにしてもらっているのか、お分かりになりますか？　まあ、外見的には同じようにしか見えないかもしれません。しかし、この場合の「どのように」に対応する当の子どもの体験は、二つのまったく異なる体験となるのです。

明らかに触覚に問題があると見受けられたとき、私がよく勧める治療法は、一定のやり方に準じて毎朝行なう全身摩擦です。もちろんここでも言えることですが、煩わしい義務的仕事のように処理されたりすれば、それは当の子どもにとって何の役にも立ちません。子どもも本能的に嫌がることになるでしょう。一方、正しい内的態度をもって、また、見かけ上は極めて単純なこの措置の深い意味が認識された上でなされるなら、つまり、子どもの運命に積極的な関心を向ける内的心配りをもってなされるなら、それは時にはめざましい効果をもたらしてくれるものになるでしょう。たとえば子どもが通っている学校から、授業中の態度が急によくなったといった報告を受けることにもなるでしょう。落着きのない - 興奮しやすい子どもたちが、自分の在り方を自らの身体の内に心地よく感じられるようになるために、私たちの寛容あるいは正当な評価に基づく教育的配慮を必要としているように、無防備感を抱きつつ、不安げに - ためらいがちにしている子どもたちは、私たちの積極的な関心を切実に求めています。そうです。いつも隠れ場所を探しているような子どもたち、未知のもの、目新しいもの、馴染みのないものすべてに対して尻込みしている子どもたち……、私たちの注意を特に触覚に向けなければならないのは、そのような子どもたちの場合です。私たちはそのような子どもたちに、「私は本当にあなたの世話をしたいのだ、あなたの運命の伴走者でありたいのだ」という気持ちを伝えてやらなければなりません。もちろん、力みすぎてユーモアを忘れてしまってはなりません。

両親の心痛と憂鬱は自分のせいなのだと思わせてしまうようなことは、決してあってはなりません。不安を抱えている子どもたちは、そうでなくても自分が悪いのだと思いこんでしまいがちなのですから。私たちに必要なのは、「今、自分は安全な場所にいるのだ」と子どもたちに感じさせることのできる、積極的な関心に基づく心配り、信頼を寄せるに足る心配りです。もちろん、私たちの寛容を求めているのは、このような子どもたちだけではありません。そう、子どもたちのすべてが求めています。しかし特に寛容を必要としているのは、自分自身と周囲の世界に対してしっくりした感触を持ち得ずにいる子どもたちです。子どもたちそれぞれの独自な在り方が正当に評価されていないところでは、検討され尽くした教育法といえどもまったく役に立ちません。しかし、不安を抱えている子どもたちにとって、自分の運命に寄り添ってくれる心配りは基本的な事柄なのです。そのような子どもたちには、職業的情熱に溢れた看護婦に時おり見受けられるような態度で接してやるべきです。看護する職業をいわば血肉化している人々は、言葉では説明できない慰めと力づけをその存在そのものから発散しています。その活力、断固とした態度、理解力、積極的な手助けが結びついて、ある雰囲気が醸し出されています。そしてその雰囲気は、手助けを必要としている患者に、患者としてのその在り方を、一つの贈り物として体験させるような奇跡を生み出します。

不安を抱えている子どもの潜在的トラウマ

不安そうにしている子どもたちが抱えているその不安感は、「病気」に因るものでは決してありません。とはいえ、当の子どもたちはそう感じているのかもしれません。そして、そう感じている彼らはいつも、優しい慰めと心遣いを欲しがります。一方、落着きのない‐興奮しやすい子どもたちが一番に求めているのは、そのような優しさではありません。彼らは何にも増して、自分自身に対する不満を抱えているのです。彼らは自分自身を価値のない存在と感じているがゆえに、いわば居直って部外者《アウトサイダー》の役を内面化し、実際にその役を上手に演じようと努めます。そして、周囲の人々が彼らについて考える事柄のすべてを先取りし、それらを自らの振舞によって絶えず証明しなければならないのだと、強迫的に思うようになるのです。「そのとおり、どうせボクはダメなやつさ」と。ですから、そのような子どもたちと接するときに決して忘れてならないのは、彼らは私たちの率直な評価（尊重）を生命の水のように求めているのだ、ということです。これに対して、不安げに‐ためらいがちにしている子どもたちの場合には、自らを病気と感じているその感じ方にこそ注意を向けてやらなければなりません。私たちが彼らに与える正当な評価には、何よりも優しい心配りと思いやりが示されていなければなりません。彼らは落着きのない‐興奮しやすい子どもたちとは異なり、彼らを見守っている私たちの、彼らに対する近しい在り方や、彼らの人格への権威的な働きかけを、強迫的なものとしてではなく力づけとして受け入れます。私は今「権威的」という言葉を用いましたが、もちろんそれは愛情に欠けた威圧的な権威であってはなりません。そのような「権威」は状況をさらに悪化させてしまいます。しかし、先ほど述べた「看護婦の能力」と両親の愛情とが結びつけば、それこそが、そのような子どもたちの身に及ぼすことのできる最良のものとなるでしょう。そうすれば私たちは再び、彼らを力づけつつ包みこみ、護ってやれるようになるでしょう。不安を抱いている子どもたちは「柔らかい確かさ」を求めています。これは単に身体的な接触にとどまらず、彼らとの日常的なかかわり合いのすべての場面に当てはまります。これに対して、落着きのない - 興奮しやすい子どもの代表選手を授かった方は、私たちの心配りが当の子どもにとっては過剰な干渉となり、重圧となってしまう折り返し点が、実に容易につくり出されてしまうことをよくご存知のはずです。不安を抱えている子どもには安心して受け入れられているものが、落着きのない - 興奮しやすい子どもには、たぶんすでに、拘束状態として感じ取られています。だからこそそのような子どもには、私たちの寛大さが何にも増して必要となるのです。拘束状態に囚われている子どもには、思いっきり動きまわることのできる遊び場が必要です。そしてそれは、不安を抱えている子どもが必要としているよりも、ずっと広くなければなりません。さあここで、今まで述べてきた事柄を整理してみましょう。不安を抱えている子どもたちは、私たちが寛大さを示すと、あまりにもそれを強調すればなおのこと、その寛大さを取り違えて、見捨てられてしまったかのように思いこむ傾向があります。ですから私たちは、彼らを優しく包みこんでやらなければなりません。そうすれば彼らはそれを、私たちが彼らを尊重しているということの最高の表現と感じます。反対に落着きのない‐興奮しやすい子どもたちは、私たちが優しい心配りを示すと、あまりにもそれを強調すればなおのこと、その心配りを取り違えて、充分に認められていないかのように思いこんでしまう傾向があります。ですから私たちは、彼らをそれにもかかわらず尊重しているのだと、彼らに分からせてやらなければなりません。不安を抱えている子どもの潜在的なトラウマは、自分は見捨てられているのではないか、という思いです。多動的傾向を持つ子どもの潜在的なトラウマは、自分はじゃまものなのではないか、という思いです。私たちは、こうした傾向に対する教育的指針を見いだしていかなければなりません。

　皆さん、私たちはこのような微妙な相違を念頭に置きながら、子どもたちに対する私たちの姿勢を確認し直さなければなりません。自分の姿勢を確認し直すこと、それはとても大切なことです。ですから私は、「子どもはすべて優しい慰めをこそ求めているのだ」といった、一つの鍋のなかにすべてを投げこんでしまうような曖昧な態度に対しては、現実は決してそのようなものではないのだと、強く主張していこうと思います。私たちは個々の具体的な事例からこそ、つまり当の子どもが抱えている具体的な問題からこそ、何が重要な要件なのかを引き出していくよう努めるべきなのです。冒頭でも述べましたように、事柄に即した適切な認識を持つことができたときには、子どもたちに対する私たちの態度にある種の変化が生じ、その結果私たちは、ある確かな手際のよさをもって、子どもたちとつき合っていけるようになるのです。そう、それは本当に起こり得ることなのです。皆さん、不安に脅えている皆さんの小さな子ウサギは、触れ触れられる接触の不安へと膨れていくかもしれない無防備感に、絶えず苛まれているのだということを理解され、「この子ウサギの潜在的なトラウマは見捨てられていると感じることの内にある。だからこそ、『柔らかい確かさ』を与え得る運命の伴走者となることが自分の任務となるのだ」と理解されたなら、そしてさらに、このような理解を触覚の問題に結びつけて、「原因は何であれこの子には、触覚が仲介するはずの包み護られているという感情が充分に与えられてこなかったのだ。この子は、眠りのなかで輪郭づけつつ－形成しつつ働きかけている天使の贈り物を──贈り物を受け取ったときの記憶は、感覚印象が押し寄せてくるや否や消し去られてしまうのですが──昼間の生活のなかへほんの少ししか持ちこめずにいるのだ」と理解され、こうしたことのすべてを夜毎の小さな祈りの内容とされるなら、皆さんはやがてお気づきになるでしょう。冷静かつ柔軟な姿勢を保ちつつ、適切な時期に適切なヒントを得ることができるようになっていることに。そこには、いわゆる勘が生まれるのです。皆さん、〝橋の番人〟のことをご記憶のことと思いますが、その番人は、皆さんが子どもの天使に助言を求めに行くことを許す前に、幾つかの質問に答えるよう要求します。皆さんは、子どもの姿と振舞の明瞭なイメージ像、規則正しい、注意深い観察をとおしてこそ獲得することのできるイメージ像を携えていなければなりません。しかしその際、充分な観察に基づいていない判断や評価には発言が許されません。なぜなら、大切なのは皆さんの判断や評価ではなく、子どもにまつわる事柄そのものだからです。番人が次に試すのは、天使に向けて携えてきた皆さんの問いかけがよくよく考えられたものであるかどうか、そしてそのための努力があくまでも子どものためのものであったかどうか、です。皆さん、鳥篭のなかで暴れている小鳥の例もご記憶でしょう。私はこの例をもって、そこでなされる認識努力からもまた、想像力に助けられた発見がなされ得ること、そしてまたそこから、極めて実践的な着想が得られることをお話しいたしました。

身体的感覚と社会的感覚——後天的な不安

生命感覚に由来する寛容の姿勢を身につけていなければ、隣人（あなた）を理解しつつ尊重することはできません。そしてまたそこには、触覚に仲介された能力、近しさをつくり出し、かつ「包み護られている」という確かな感情に支えられた、近しさに耐え得る能力が加わってこなければなりません。ですから私たちは、こうした資質を子どもたちの内に育むべく心を配らなければなりません。さて、子どもはいつも、親近感を覚える対象の態度や振舞を模倣したがっています。もちろん、子どもに対する子どもの天使の心遣いもその対象の一つです。そうです。私たちは、夜毎子どもが携えてくる天使の心遣いを手本として示すことによって、子どもの模倣能力に働きかけることができるのです。ですからここで注意しなければならないのは、「柔らかい確かさ」をもって子どもの身体にどのように働きかけるか、ということだけではありません。世界に対する私たちの態度や振舞にも注意を向けなければなりません。私たちの態度や振舞が、日常のこまごました仕事の場にどのように現れるか、そしてそれを子どもが、内的に模倣しつつどのように受け入れるかが重要になるのです。皆さん、皆さんのお子さんが不安げに‐ためらいがちにしているお子さんだったなら、身のまわりのものを優しい心遣いをもって扱うようにしてください。皆さんが命のないものをどのように扱うかを、お子さんに模倣させてやるよう心がけてください。お子さんは皆さんの優しい振舞を模倣することで安心を得るのだということ、このことを充分に意識してください。ご存知のように、命のないものも、小さな子どもにとっては生きているのですから。もの、植物、動物、人間との、粗野な、投げやりな、無関心なかかわり合いはすべて、不安そうにしている子どもには特に見せるべきではありません。

　さて私は今まで、私自身のいたらなさを充分自覚しながら話してきたつもりではありますが、もしかしたらそれらは、皆さんに対する過大な要求になってしまったかもしれません。しかし私たちは、努力するだけでもかなりのことができるのではないでしょうか？　子どもたちは多くの点で、私たちよりずっと賢い存在です。私たち大人はいつも努力の結果にばかり固執しているのにひきかえ、子どもたちは、私たちの誠実な努力それ自体を敏感に感じ取っています。

　寛容の姿勢、優しい心遣い、忍耐、小さなものへの畏敬の念、温かい関心……、これらの望ましい資質を育成していくためには、子どもたちの「生命感覚‐触覚‐複合体」を充分な関心を払いつつ養成していかなければなりませんし、私たち自身の振舞にもこれらの資質が発揮されているかどうかに、内省的な目を向けていかなければなりません。私は今「生命感覚‐触覚‐複合体」という言葉を用いました。なぜならこの二つの基礎感覚は、現実的に一つのまとまりをつくり出しているからです。とはいえこの二つの基礎感覚は、すでに見てきましたように、発達心理学的観点からは区別しておいた方がよいでしょう。発達心理学的観点においては、いわゆる行動障害や性格の偏りが基礎感覚領域のどの部分に起因するかが問題になっているからです。さて、ここでついでに言及しておくべきでしょう。基礎感覚を育むことは、次のような理由からも重要です。つまり、理解するという霊的（精神的）行為にかかわる高次の感覚（社会的感覚）が成熟し得るためには、そのためのいわば正しい環境が、基礎感覚によって形成されていなければならないからです。では、この社会的感覚についても短く言及しておきましょう。述べましたように、社会的感覚領域には、自我感覚、思考感覚、言語感覚、聴覚があります。自我感覚をとおして私たちは、それぞれに異なる他者の最も内的な核について直接的に体験します。思考感覚と言語感覚をとおして私たちは、他者の考え方と話し方の内に理解しつつ浸り入ります。そして聴覚は、霊的実体　――私たち人間の言葉をとおして語る、世界に遍在する霊的実体――　の内に「耳を澄まして」浸りこむ高次の能力すべてのために、その土台を用意し、また、今挙げた言語感覚、思考感覚、自我感覚の機能　――この機能は「高められた聴覚事象」と呼んでもよいでしょう――　のために、その背景を用意します。

私はここでは、次のことを簡単に示すにとどめようと思います。ルドルフ・シュタイナーがかつて名づけたように、私たち人間は「理解感覚」（理解にかかわる感覚、社会的感覚）を備えていますが、それらは、自分自身を知覚している身体感覚の基本的機能と密接に結びついています。社会的感覚はいわば外へ向かい、未知の存在を能動的に確認させてくれます。これに対して、身体感覚はいわば内へ向かい、世界とかかわっている私たち自身を体験させてくれます。そして両者のあいだには、実際に対応している感覚である、嗅覚、味覚、視覚、熱感覚が息づいています。

さて「運動感覚‐平衡感覚‐複合体」へと歩を進める前に、不安げに‐ためらいがちにしている子どもたちの様子を少し詳しく見ていきましょう。触覚に仲介される基本的安心感を充分に与えられずにいる子どもたちは、いったいどのように振舞うでしょうか？　これはすべての子どもに当てはまるのですが、好ましくない事態が、いわば基本的な安心感を崩してしまうことがあるのです。たとえば、ショック体験、無関心な放置、あるいは絶え間ない過剰な刺激は、触れ触れられる不安に関連させて私たちが無防備感と特徴づけた魂の付随症状を伴う、身体輪郭の曖昧さを招来しかねません――私は「触れ触れられる不安」という概念を極めて広範囲に捉えています――。この付随症状には、過度の物怖じ、年齢不相応な人見知りもあるでしょう。あるいは、手を向けられただけで跳びすさったり、汚れることを極度に嫌ったりするのも、付随症状として数えられるでしょう。要するに、自分自身を無防備に感じる状態は、その状態から生起するさまざまな兆候と共に、子どもの性格にはまったく関係なく、ネガティヴな影響を被ることによって突然呼び起こされます。言うまでもありませんが、この状態は次第に進行していくこともあるでしょう。何年ものあいだテレビ漬けにされ、プラスチックや機械仕掛けの玩具しか与えられず、愛情に満ちた身体的接触もなく、よって柔らかい安心感とも疎遠な状態に置かれていたなら、包み護られているという健康な感情は育まれるはずもありません。かの「普遍的な実体性の浸透、存在それ自体の浸透」も、プラスチックの積み木、遠隔操作のレーシングカー、アニメーション、ゲームボーイ・コンピュータなどなどによって拒まれて、完全な沈黙を強いられることになるでしょう。

本来なら不安を抱えているタイプには数え入れられない子どもたちであっても、そのような状態に追いこむのはさほど難しいことではありません。当今の「百花繚乱の子どもの世界」で当たり前のことをすべて行ない、その上できるだけその子どもに触れないようにすれば、生きることの大きな不安が生まれて、自分を正しく感知せず、自分自身の存在感がなく、まるですべてをすりガラスを通して体験しているなどというような苦悩に満ちた感覚が、遅くとも青少年期に現れる可能性が高くなります。そうです。私たちは、責め苛まれる苦しい感情を子どもたちに植えつけることに成功するのです。これが一つのあり様です。しかし一方、不安げに - ためらいがちにしている状態がそもそもの基本状態であるタイプの子どもたちがいます。この基本状態は類型学を構成しているものでもありますし、私たちのこの講演にとっても重要な要件ですから、今度はこのタイプに注意を向けていきましょう。先に、興奮しがちな - 攻撃的なタイプに特有の、身体的不安に由来する行動障害について触れたとき、この障害が生じる可能性は生後数ヶ月ないし数年のあいだにある、と私は言いました。しかしそれは、かならずしも教育的配慮の欠如に因るものではありません。子どもたちはしばしば、こうした障害を招き寄せる傾向を携えて生まれてくるのであり、それが障害として認知されるに到るのは、気づかれるのが遅過ぎたがゆえに、あるいはまた、人間学的背景が与えられなかったがゆえに、そのような傾向に対処する術が知られずにいたからです。いわゆる多動児の問題においても、多くの場合、幼児期に必要な助言が得られなかったがゆえに、事態がそのまま進行していくことになったのです。しかし、私はいつも言っています。「子どもたちに手を貸してやるのに遅過ぎるということは決してありません」と。

不安げな - ためらいがちな子ども ― 幾つかの観察

私たちはこれまで、触覚についてかなり詳しく話し合ってきました。それにもかかわらず、皆さんはその間、説明不足のもどかしさをお感じになっていたのではないでしょうか？ 生命感覚について述べていたときにもすでに、そうお感じになっていたのではないかと思われますが……。確かにそうなのです。それは、類型学すべてに共通する弱点なのです。現象が純粋なかたちで現れることが極めて稀であるがゆえに、つまり、明確な境界線を引くことのできない多くの混在現象や移行現象があるがゆえに、そのような弱点がどうしても生じてしまうのです。とはいえ、触覚が充分に機能していない子どもの存在・行動様態の輪郭を示すことはできます。たとえばそのようなお子さんをお持ちの方々に、「すべての点で当てはまっているわけではないけれども、思い当たる節もある」と感じていただけるだろうほどには。さて、触覚が充分に機能していない子どもの存在・行動様態の輪郭ですが……、その理由について尋ねられたなら、私はこう答えるでしょう。「ちょうど気質という素質があるように、それは一面的には素質です」と。この素質は、時代状況に由来する一連の影響に遭遇し、その影響下でさらに強められます。ですから子どもたちに、その影響に対する解毒剤を与えてやること、それが私たちの教育的な課題となるのです。そう、私たちは、今日的な生活条件のもとでは特に容易に病的状態へと逸脱しがちな、不安げに‐ためらいがちにしているタイプに特有の行動障害、周辺世界への不安に由来する行動障害に働きかけることになるのです。このような障害は、人間学的に表すならこうなるでしょう。「それは、身体への信頼感が欠如している状態、触覚によって仲介される基本的安心感が欠如している状態である」と。触覚によって仲介される基本的安心感、それは、子どもの魂が自分自身を一個の自立した人格として体験するようになるために、また、その「輪郭づけられ包み護られている」という感情に由来する積極的な関心を、世界と人々に向けられるようになるために、なくてはならないものなのです。

では、この基本的安心感が欠けている場合、子どもはどのように振舞うでしょうか？ ここには一人の少女に登場してもらいましょう。実際、興奮しがちな‐攻撃的なタイプは主に男の子に見られますが、不安げに‐ためらいがちにしているタイプは女の子に見られることが少なくないからです。さて……、夕刻になり、少女がベッドに行く時間がやってきました。彼女はわざとぐずぐずして、その時間をできるだけ引き延ばそうと企てます。必要以上にゆっくりと入浴しながら、引きも切らずにしゃべりつづけます。一人でしゃべりながら、いつも誰かにそばにいてもらいたがります。もちろん、一番よいのは母親です。今晩も少女のおしゃべりは、おやすみなさいの時間が近づくにつれ、いつもの質問攻勢に移っていきます。「お母さん、今夜は家にいるの？　お父さんも？　お母さんとお父さんは後で何をするの？　あたしたちは明日何をするの？　寝る前に玄関のドアは閉めるの？　お母さんとお父さんはいつ寝るの？　電気を消して冷蔵庫を閉めるの？　もしかしたら二人で散歩に出かけるの？　だけど本当に電気を消すのを忘れないでね。寝に行く前にもう一度あたしを見に来てくれる？　なかなか眠れないときは？　おなかが痛くなったら呼びに行ってもいい？　あたしまだ全然眠くないの。明日の朝は何時に起こしてくれるの？　あたしが先に起きたら？　おなかが痛くなったら起こしてもいい？　ねえ、いいでしょう？　もう一度トイレに行かなきゃならないと思う。子ども部屋のドアを少しだけ開けておいてくれる？　お母さんとお父さんの寝室のドアも？　電気を消し忘れないようにね。でも廊下の電気はつけておいてね。あたしが眠っても、お母さんとお父さんは居間にいるの？　あたしたち、明日は何をするの？」まあ、こんなふうでしょうか？　この質問攻めは答えが欲しいからではなく、自分を護るための寄る辺のない試みです。すべてが語り尽くされ、整理されたら、私たちは静かに眠ることができるでしょうか？　いいえ、そうはいきません。私たちは子どもをベッドに連れて行き、物語を話して聞かせ、歌を歌ってやり、優しくおやすみなさいを言いますが、しかし、それで終わりにはなりません。私たちは何度も何度も呼ばれます。子どもの質問タンクは涸れることがありません。それらの質問は、どうしても聞いてもらわなければならないものなのです。子どもは何度もトイレへ行きたがり、そのチャンスに、半分開いている居間のドアから盗み見します。しかし、何を確認するために？ それは子ども自身にも分かりません。私たちは「小さな不安のお荷物」が寝入ってしまうまで、添い寝をしてやらなければなりません。まあ、こうしたことは、確かに愛情に満ちた対処の仕方ではあるでしょう。しかし、こうしたことが来る日も来る日も繰り返されるなら、家庭の平穏は大きな痛手を被ることになってしまいます。たとえば私の知り合いの夫婦は、共に過ごす夜を何年にもわたって奪われていました。なぜなら二人のうちのどちらかが、毎晩子どもに添い寝をしてやることになり、しかもそのまま寝入ってしまうことになったからです。次に挙げる事例は、まさに極端としか言いようがありません。男は数ヶ月ものあいだ、パジャマ姿の妻を見たことがありませんでした。彼女はベッドのなかでさえジーンズをはいていたのです。彼は「これはどうしたことか」と訝り、しかるべき相談所に出向きました。そう、私がそれを知っているのは、彼を担当したセラピストが、そこで開陳された彼の訴えを、しばらく後に、私たち治療教育家の会合の場で話してくれたからです。さて、相談所で明らかになったのは次のようなことでした。妻がベッドのなかでもジーンズをはいていたのは、もちろん、いわゆる貞操帯としてではありませんでした。夜になると彼女は、いつも着の身着のまま娘に添い寝して、そのまま寝入ってしまったからですし、夜中に目覚めて夫婦のベッドに向かっても、寝ぼけているので着替えもできなかったからでした。夫は当然、欲求不満になり、疑いました。「妻と娘は結託して、夫であり父親である自分を拒んでいるのではないだろうか？」と。この事例の場合、娘の就寝不安を取り去ってやらないかぎり、夫婦の安らぎは取り戻せないだろうということになりました。

一般的な「夕方と夜の不安」の頂点をなすこのような就寝不安は、特に、今私たちが取り上げている子どもたちに現れます。これらの子どもたちは、夕方の四~五時頃に、他の子どもたち以上に、自分の輪郭が崩れる不安な状態を迎えます。ですから私たちは、そのような子どもたちには、いわば魂の覆いを大いに与えてやらなければなりません。そのような時間がやってきたなら、私たちはその時間を前もって計画したとおりに経過させるよう努め、同時に、彼らに安心感を与えるよう働きかけてやらなければなりません。たとえば夕食前のいつも決った時間に、お子さんと一緒に小さなプログラムを創り上げるのもよいでしょう。そしてその際は、そのプログラムを二つの部分に分けて、前半は活動を促す効果を持つもの、後半は心を鎮める効果を持つものにするとよいでしょう。活動的な第一幕では、たとえばお子さんを粘土遊びに誘いこみ、大小二つの球を造ります。大きな球に「洞窟」が掘られれば、小さな球は一匹の子ネズミとなって、洞窟のなかへもぐりこんでいくかもしれません。小鳥とその巣、小人とその小屋というのも面白いかもしれません。言うまでもないでしょうが、これらは単なる例に過ぎません。さて、心を静めるための第二幕では、童話を読んでやるのもよいでしょうし、短く歌を歌ったり、楽器を鳴らしたりするのもよいでしょう。ここでは皆さん、お子さんを皆さんのすぐそばに引き寄せてやってください。お子さんは、皆さんの身体的な温もりを感じたがっているのですから。幕が下りる前の五分~十分間は、たわいのない雑談をするのもよいでしょう。さあ、プログラムはこれで終わりました。皆さんは夕食の準備をするために台所へ向かわれますが、その際お子さんも、皆さんと一緒に台所のテーブルで絵を描いたり遊んだりしたがるなら、それはとてもよいことです。しかし皆さん、当の皆さんがカチャカチャ、ガタガタ、気に障る音を立てたり、あれこれ悪態をついたりしながら動きまわったのでは何にもなりません。すでに述べましたように、お子さんが内的模倣能力をとおして自らの内に安心感を抱くことができるように、優しい心遣いと慎重さをもって振舞うよう心がけてください。お子さんが皆さんの手伝いができる年齢になっているなら、食事の支度を手伝ってくれるよう促すのもよいでしょう。不安げに - ためらいがちにしている子どもたちのための夕食は、特に、胃腸に負担のかからない、消化のよい献立にしてやってください。

よい睡眠とよい目覚めに向けての準備

夕食がすんだら、お子さんがベッドに入るまでの時間をスムーズに運ばなければなりません。まずはお子さんの足を、少し熱めのお湯で温めてやるとよいでしょう。家族が居間に集まり楽しく団欒しているようなときは、できれば隣の部屋に移った方がよいでしょう。また、ほんの少し楽器を鳴らすのもよいでしょう。録音された音楽で代用するのはあまり勧められません。というのも、大切なのは皆さんの存在の近しさであり、愛情のこもった心遣いであるからです。足湯は長くても十分間、ふつうはそれ以下で充分です。足を拭くときは念入りに擦るようにし、拭き終わったらオイルを塗りこんでやるとよいでしょう。さあ、オイルも塗り終わりました。さて次は、「足裏のなぞなぞ遊び」をやりましょう。目をつむり、足裏にあてがわれるものを当てていく遊びです。たとえば、リンゴ、レモン、モミの実、クルミの実、卵、ぬいぐるみの動物、などなどを。正解につき一点とし、点数が集まったらご褒美がもらえるというふうにして。時には役割を交代するのもよいでしょう。その方が楽しく遊べるでしょうから。この遊びをしているときお子さんは、足裏で起こっている触覚体験に全神経を集中させなければなりません。つまり、意識を足に下ろさなければなりません。そう、それがこの遊びの目的です。さて、十分間ほどでこの遊びも終わりにし、前もって温めておいた靴下と、足にぴったり合った靴を履かせてやりましょう。第三幕が始まるからです。今度の遊びはバランスをとる練習と、上手に跳ぶ練習の組み合わせです。まず頭の上に本や棒などをのせ、落とさないようバランスをとって歩く練習をし、次いで、机の上から思いっきり飛び降りる練習をします。飛び降りる練習は、一人ででも皆さんが支えてやっても、どちらでもよいでしょう。三回跳んだらまたバランスの練習に戻り、全体をもう一度繰り返します。それでこの遊びも終わりです。さて次は、いよいよベッドに行かせる準備です。この準備は、短く、説得力のあるものでなければなりません。お子さんの引き延ばし作戦に惑わされないようにし、「柔らかい確かさ」をもって誘導してください。おやすみ前の物語を読んでやっているときに、カモミールなどを用いた温湿布をしてやるなら、皆さんは夕方から夜までのあいだに、治療教育における一つのプログラムをそのまま実行したことになるのです。お祈りもどうぞ忘れないでください。そしてまさに、このようなことが実行されるなら、皆さんご自身がお子さんのためのセラピストとなるのであり、皆さんの愛情は極めて実践的なものになるのです。愛情は盲目的なものであってはなりません。子どもを見守っている私たちに、適切な方法、具体的な行為を見いださせるものでなければなりません。

不安げに - ためらいがちにしている子どもたちも、朝は比較的調子がよいのがふつうです。私たちの療育施設に滞在していた、ある子どもの事例を挙げましょう。彼はある夏休みを、祖母のところで過ごすことになっていました。それで私は、彼が祖母のもとへ出かける前の晩に「明日が待ち遠しいだろう」と話しかけたのでしたが、それに対して彼はこう答えました。「夜と朝とでは、なぜかすべてがまったく違って感じられるんだ。明日の朝になればきっと楽しくなると思うんだけど」と。そうです。夜が近づくにつれ「変化に対する不安」が増してくることを、彼はよく知っていたのです。不安げに - ためらいがちにしている子どもたちは、新しい状況にうまく適応できないがゆえに、自分が置かれている現在の状況にそのまま浸っていたがる傾向があるのです。反対に、落着きのない - 興奮しやすい子どもたちは、同じ状況のなかにじっととどまっていなければならないことを嫌がる傾向があります。どちらのタイプの子どもたちにも、毎晩行なう「思い出し=過ぎ去った出来事を振り返りつつ辿ることをとおして、過去とのつながりを保たせること」と「思い描き=これから起きるだろう事柄に心を向かわせること」が、とても役立ちます。しかしその際、落着きのない - 興奮しやすい子どもたちの場合には思い出しの面を、不安げに - ためらいがちにしている子どもたちの場合には思い描きの面を、強調しなければなりません。つまり、落着きのない-興奮しやすい子ども（十〜十一歳から）の場合には、子どもと共に今日一日を朝から晩へと、あるいは逆に晩から朝へと思い出させるようにし、明日への思い描きは短めにします。反対に、不安げに-ためらいがちにしている子どもの場合には、思い出しは短めにし、明日に予定されている事柄などについて詳しく話し合います。さらに翌朝も起床後すぐに、今日は何をすることになっていたかを繰り返します。朝も晩も五分間で充分です。そしてそれがすんだら、家族そろって朝の歌を歌います。皆さん、朝の歌や夕べの祈りを、どうぞないがしろにしないようにしてください。それらは、単なる副次的な事柄ではないのですから。さて朝の歌が終わったなら、不安げに-ためらいがちにしている子どもたちには、全身摩擦をしてやることをお勧めします。子どもを横にして――寒くないようにしてやってください――、皮膚によい爽やかな香りのボディーオイルを手のひらにたらして、頭から足の先まで摩ってやってください。そうすることによって皆さんは、夜のあいだに天使が子どもに与えてくれた感情を、不安げに-ためらいがちにしている子どもたちの場合には、押し寄せてくる昼間の出来事のなかで急速に薄らいでしまう「輪郭づけられ包み護られている」という感情を、長くとどめてやることができるのです。

教育と自己教育 ― 肯定的な視線

さて皆さん、私はこの講演を始める際に掲げたモットーから、いささか足を踏み外してしまったようです。私のモットーは、何らかの処方箋を示すことではなく、人間学的関連の概略を理解していただくことによって、皆さんご自身に自ら考えていくきっかけを掴んでいただこうというものでした。厳密に言えば、私はすでに何度も、このモットーから外れたお話しをしてきました。しかし私は、敢えてこう考えようと思います。教育セラピストあるいは教育カウンセラーとして私が集めることのできた経験を少しだけでも皆さんと分かち合えたということは、私の喜びであったばかりでなく、皆さんにとっても決して無駄ではなかったであろう、と。ともあれ「あれをすべし、これをすべし」という言い方は少なめにした方がよいでしょう。冒頭でも述べましたように、私の最大の関心事は、皆さんが皆さんご自身の観察、認識努力、瞑想的実践をとおして、お子さんに助けの手を差し出すための直観的能力を獲得するきっかけをつかんでいただくことなのですから。

不安げな-ためらいがちな子どもたちが抱えている問題は、触覚の育成という要件と大いに関連しています。だからこそ私たちは、触覚について詳しく検討してきたのです。そう、私たちが検討してきた事柄は、今やかなりの「量」になっています。ですから皆さん、それらの内容を是非とも何度か辿り直してみてください。そうすれば皆さん、私たちが描写してきたさまざまな事柄が皆さんの内で自ずと働き始めることに、きっと気づかれることでしょう。そして皆さん、かの基本姿勢、先入観に囚われずに細部を見つめる観察、性急な答えを求めようとしない観察を、お忘れにならないようにしてください。さて、どうでしょう？　日々繰り返されているお子さんとのかかわり合いから、いわば意図的に身を引いてみるなら、皆さんはお子さんに関してどのような印象をお持ちになるでしょうか？　特に扱いの厄介なお子さんであった場合には、まさに期待していないことばかりが目につくことになり、お子さんのそのような振舞に失望することになるのではないでしょうか？　しかしそうなると、失望から生まれた皆さんのネガティヴな感情が、その感情に見合った役割をお子さんに押しつけてしまうことになるのです。お子さんに対する皆さんのネガティヴな態度が、本来ならまさにやめさせたいと思っているあれこれを、お子さんの内に呼び起こしてしまいます。この悪循環を断ち切るための最良の手立ては、先入観や予断に囚われない、かの観察態度を身につけていくことです。お子さんにまつわるあれこれに積極的な関心を集めること、大切なのはそれだけです。そして、それができるようになれば、それは毎日十分間だけ皆さんの夜の小さなお祈りの時間に、お子さんにまつわるあれこれを思い出すよう試みるだけでよいのですが、皆さんは次第に「前へ」歩を進めることができるようになり、いわば肯定的な先入観を身につけていくことができるようになるでしょう。「この子は何と素晴らしい、愛すべき性質を備えているのだろう。私はこの子の在り方をできるだけ意識的に見守っていかなければならない」と。皆さんは注意深い積極的な関心を保てるようになり、そして気づかれることでしょう。積極的な、深い関心を伴う視線が、愛情に満ちた視線へと自ずと変わっていくことに。その視線の先には、冷静でいなければ捉えることのできないチャンスが生まれることでしょう。繰り返しますが、皆さんが囚われのない観察態度を身につけていれば、やがて「何か」が、皆さんの意識の扉を叩きにやってくるでしょう。そして、そこにやってきたその何かを、誠実に親しく受け入れていくなら、皆さんは次第に、世話のやけるお子さんとのまったく新しいかかわり合いを築いていかれることになるでしょう。巷では近頃、いわゆる「肯定的な考え方」にまつわるあれこれが多々語られています。しかしそこで語られているのは、もっぱら利己的な側面にかかわる事柄でしかありません。曰く「自分自身を肯定的に捉えよ」と。皆さん、私はそのような言い方にいささかの貧しさを感じます。なぜならそこには、もう一つの肯定性、感情移入能力と善意にかかわる肯定的な側面が欠けているからです。つまり、隣人への「肯定的な視線」が欠けているのです。もちろんこのような資質は、皮相な時代精神にとっては受け入れがたいものではあるでしょう。しかし、街角のポスターから笑いかけているわけではない背後にある時代精神は、そのような視線、肯定的な視線をこそ望んでいるのです。私たちの文化を子どもたちの要望に合わせていくことが、また、愛情と寛容の力を彼らとのかかわりのなかに注いでいくことが、社会生活のあらゆる領域において真に新たな指針となり得るのだということ、それこそが、背後にある時代精神のメッセージなのです。

不安げな－ためらいがちな子ども―幾つかのさらなる観察

さて皆さん、皆さんのご家庭に、いつも不安げに－ためらいがちにしているタイプのお子さんがいたとしましょう。お子さんは些細なことに一々こだわり大げさに騒ぎ立てるので、皆さんは心中、煮えくり返る思いです。「朝っぱらから髪の手入れだなんて、何をぐずぐずしているの！」と。しかし髪の手入れだけではありません。幼稚園や学校に行かなければならない時間が近づけば近づくほど、お子さんの動作は緩慢になっていき、まるで朝のお茶の代わりに鎮静剤を一瓶も飲んだかのように振舞い始めます。目覚めたばかりのときには本当に元気だったのに。お子さんはお母さんを困らせたいのでしょうか？ 時計の針は容赦なく回っているのに、突然、靴が窮屈になり、セーターがチクチクしだします。別の靴、別のセーターでなければ出かけられません。皆さんはお子さんにオーバーを着せかけてやりますが、すでに時間が時間ですから、かなりいらだっていて、うっかりお子さんの喉をひっかいてしまいます。さあ大変です。お子さんは、まるで肉にまで達する傷を負ったかのようにわめき立てます。朝はいつもこうです。しかし、この度を越した神経過敏も、これからやってくる午後の振舞に比べればまだまだ我慢の範囲内と言えるでしょう。というのも、そこではまた別の振舞が登場し、時が経過するにつれ、ますますひどくなっていくからです。登場するのは、そう、ぶっきらぼうな動作です。お子さんはしょっちゅう何かを床に落とし、どこかにぶつかり、カーペットの縁につまずき、コップを机の上に乱暴に置いてジュースをこぼします。そしてそのうち、かの質問攻勢も始まります。「これから何をするの？ その後は？ そしてその後は？」と。さらに、皆さんをすでに長いことイライラさせているのは、例のチックです。意味のないまばたきや咳払い、ひきつったようなしゃっくり、などなど。これらの腹立たしい悪癖が現れるのとほぼ同時に、「あれも嫌だ、これも嫌だ」が始まります。皆さんにすれば何の問題もないあれやこれやの物音に対して、あるいはまた何ということもない言葉に対してさえ、過度の不快感を示します——食べ物にだけは別の反応を示しますが——。四時ごろにもなると集中力が急速に失せ、さらに宿題でもあれば、その時間はほとんど神経戦の観を呈します。

皆さん、おおよそこれが、不安げに‐ためらいがちにしている子どもの典型です。私が数え上げた兆候の全体は、輪郭づけられ包み護られているという感情の欠如、不充分な自己身体知覚、触れ触れられる不安といったことに関して、雄弁に語っています。ルドルフ・シュタイナーはこの状態を、「魂に傷を負った在り方」と呼んでいます。ある状況から他の状況への移行困難もまた、このことと関連しています。身体の内に確かさを感じている者は、いわば自分の故郷の一片をいつも身に着けています。ですから、胸の内に抱いている自分の思いが、「外界に」無防備に晒されてしまうことはありません。というのも、身体は自分の棲み家なのですから、どこへ出かけようと、その棲み家を後にする必要がないからです。では、この基本的な確かさを感じられずにいる子どもたちは、どのように振舞うでしょうか？ 彼らは、今まさに自分を包んでくれている安心できる状況、安全であると感じさせてくれている環境にしがみつくことになるのです。そうです。「敷居をまたぐ不安」と呼ばれている状態は、このことに困っています。先に、夕方や朝方に現れる不安として挙げた状態も、また、夜が近づくにつれ重くのしかかってくる別離への不安も、この、敷居をまたぐ不安の具体的な現れです。眠りに入るということは、振り返りつつ安全を確かめることができなくなるということですし、身体の覆いとして代役を務めてくれている、慣れ親しんだ世界が消えてしまうということです。不安げに―ためらいがちにしている子どもたちは、「眠りにつくとき後に残したものは、再び目覚めたときには、もしかしたらすでに消え去っているかもしれない、壊されているかもしれない」と恐れているのです。彼らの見る白昼夢や悪夢には、家が燃え尽きてしまう映像が特徴的なものとして現れます。

彼らは、いわば王子様やお姫様のような雰囲気を身につけていて、たいていの場合、かわいらしく、きゃしゃで、色白です。また、しばしば色素の少ない髪（ブロンド）が見られます。彼らはふつう、優れた言語能力や豊かな想像力を備えていますが、一方、抽象的・論理的な思考や正確な描写を苦手にしています。とはいえ、彼らの多くはそのことに気づいていますから、苦手を克服しようと根気よくがんばりもします。しかし残念ながら、それはあまりうまくいかないのですが……。さて、不安げに―ためらいがちにしている子どもたちの健康面を見てみるなら、彼らは気管支領域の気道の不調を訴えることが多く、場合によっては、気管支炎や喘息、髄膜の刺激症状、発疹、膀胱の症状を発症することがあります。彼らには、厳かな、情緒豊かな、美的な事柄に、強い親近感を示す傾向があります。このような子どもたちを見ていて気づいたのですが、彼らは必要があれば喜んで手助けしようとしますし、諦めなければならないときには潔く諦めようとします。また、弱者の面倒を見ようとし、寂しげに沈んでいる者を慰めようともします。しかし、そう、彼らはそのようにしたいのですが、心の内なる不安に、しばしば邪魔をされてしまうのです。とはいえ皆さん、私たちはそこに、実に印象深い、愛すべき能力、大切な能力を見いだしはしないでしょうか？　この能力、彼らの内にいわばまどろんでいる能力は、足を前に踏み出せるようになることを切実に待ち望んでいるのです。私たちは私たちの内なる視線を、今はまだ抑えられているこの潜在能力に注いでやらなければなりません。そしてさらに、先に語り合った、触覚の一次的あるいは二次的障害の現象を考慮し、そこから導き出されれた教育的課題を実践することをとおして、この潜在能力を引き出してやらなければなりません。そうです。私たちは、天使との合意の上の教育を目指さなければなりません。

まとめ―落着きのない子ども、不安げな子どもとは、どうかかわればよいか

皆さん、お子さんを見守っていて気づかれた事柄に皆さんの知識を結びつけて、問いかけとしての像を描き出してください。そしてその像を携え、眠りの世界へ向かってください。たとえばこのような像を携えて。「むかしむかしあるところに、ひとりのお姫様がいました。人々はお姫様にたくさんの服を着せてあげましたが、お姫様はそれでもいつも、まるで何も着ていないかのように感じていました。それで、あるときお姫様は、胸に鎧《よろい》を着けてもらうことにしたのですが、鎧を着け終わったちょうどそのとき、風に運ばれてきた小さな小枝がお姫様の鎧の胸に当たりました。そして夜になって、人々がお姫様の胸から鎧をはずすと、そこにははっきりとわかる傷がついていたのでした……」皆さんはこの童話のつづきをどう組み立てていきますか？ご存知のように、童話はいつもハッピーエンドで終わりますが。

落着きのない‐興奮しやすい子どもたち、不安げな‐ためらいがちな子どもたち、彼らは教育セラピーにかかわっている私たちの、最大の「悩みの種」になっています。さて、落着きのない‐興奮しやすい子どもたちとかかわる際の指針となるキーワードを――これは学齢期以前から注意を払うべきものですが――ここでもう一度まとめてみましょう。

―リズム
―配慮の一貫性
―温（暖）かさ
―健康によい食べ物
―身体の内なる心地よさ
―寝つかせるときの世話
―過去とのつながりの保持
―教育的姿勢としての忍耐と畏敬の念
―手本としての寛容の姿勢

私たちはこれらのキーワードから、単純かつ直接的に、その次の処方箋を引き出していくことができるでしょう。ある音楽が心地よいかどうかは、その音楽を耳にした瞬間に自ずと分かるように。冷たい水の心地よさは一口飲んだ瞬間に感じられるように。治療教育に不可欠の「急がばまわれ」や「ゆったりしたリズム」は、自ずと心に浮かんでくるものです。あるいはまた、過去から将来へ向けての首尾一貫した態度・振舞（過去とのつながりの保持、連続性）、などなど。皆さん、ここに挙げたキーワードを心に刻みつけてください。他のすべては、子どもたちとの具体的なかかわりのなかからもたらされることでしょう。これは治療にかかわる職業においても同じです。おおよその指針を持っていれば、今度は子どもたちが正しい道を示してくれます。私たちはただ子どもたちを注意深く見守りつつ、子どもたちが送ってくるメッセージを受け取り、それを解読するよう努めていけばよいのです。

もちろん、専門家の見解に耳を傾けたほうがよい場合もあるでしょう。しかし、そのような場合でも皆さんは、専門家である教師や教育カウンセラーにご自分の考えを示すことができますし、彼らもくだらぬ自尊心の持ち主でなければ、皆さんがそうなさることを喜んで受け入れるはずです。なぜなら彼らも、皆さんの考えを聞くことができれば、皆さんに示そうとしていた事柄の多くがすでに明らかになっていることを、ただ確認すればよいのですから。そういう私も、親御さんと共に働くことを強く望んでいます。共に取り組み獲得してきた人間学的認識の基礎の上で、皆さんご自身が積極的に考えていかれることを望んでいます。教育は、ある程度までは科学でもあり手仕事でもあります。つまりそこでは、基礎的知識と実践的方法が求められることになるのです。両者は共に習得可能ですし、伝達可能です。しかし教育は、第一に芸術でなければなりません。言うまでもないことですが、いつも教師に付き添われ、次は何をすべきか一々教えてもらっている芸術家などいるわけがありません。芸術的なプロセスは、高揚を感ずる瞬間、絶望に打ちひしがれる瞬間をも含み持つ、自由のなかにこそ生じます。そしてそれは、「教育芸術」にも当てはまります。

では、不安げに‐ためらいがちにしている子どもたちとかかわるとき、こうした意味で指針となるキーワードはどのようなものになるでしょうか？まとめてみましょう。

—近しさ
—保護
—皮膚の手入れ
—皮膚を刺激しない（自然素材の）衣服
—触覚体験の助勢
—触れるものの材質への配慮
—夕刻時の「包み護る」雰囲気
—「明日」へ向けての準備
—教育的姿勢としての意識的な柔らかさ
—手本として示す心遣い

粘土や石で遊ばせること、つまり塑像や（後には）彫刻を勧めるのはどうでしょうか？　草花の面倒をみさせること、つまり体験の場として園芸を勧めるのは？　いわば治療薬としてふさわしい童話を選んでやるのは？　あるいは、子どもたち自身に童話を創作させるのは？　どうでしょう、まずいものは何もないのではないでしょうか？　落着きのない‐興奮しやすい子どもや不安げに‐ためらいがちにしている子どもを理解しようと思うなら、私たちはただ、次のことをつねに念頭に置いておけばよいのです。

—落着きのない子どものトラウマは、自分は「じゃまもの」なのではないか、という思いです。
—不安げな子どものトラウマは、自分は「見捨てられている」のではないか、という思いです。

述べましたように、落着きのない子どもたち、不安げにしている子どもたちは、私たちを大いに悩ませてくれます。だからこそ私は、私たちの考察の中心に彼らを置いたのですし、またそれに応じて、生命感覚と触覚について詳しく述べてもきたのです。私たちの観点は、いつも繰り返し次のように問うことの内にあります。健康に育まれた身体感覚が差し出している器のなかに、子どもの天使はどのような社会的資質を注ぎこもうとしているのか？　魂の成長に向けて用意された素地は、そこにどのような魂を育もうとしているのか？　これらの感覚を育成することによって、「模倣したがっている子どもの魂の善きものへの親近感」の、どの側面が強められるのか？……と。感覚について語り合っている私たちのこの場を、地下水のように、時には地上に姿を現しつつ流れているテーマは、道徳教育に関するテーマです。とはいえそれは、もちろん一般に言われているようなものではなく、まったく別の考察に基づいているものですが。さあ、私たちは次のように言い得る地点に達しました。「後に現れる寛容の能力は、整えつつ - 調和をもたらそうとする霊的世界からの働きかけによって強められる、生命感覚と密接に関連している」、「他者への心遣いは触覚と、あるいは触覚に向けて霊的世界から送りこまれる輪郭づけつつ - 形成する作用と、密接に関連している」と。私たちは先に数え上げた教育的指針を考慮することによって、このような霊的世界からの働きかけに積極的に関与することができるのです。

運動感覚、平衡感覚を探る

不安げな子・寂しげな子・落ち着きのない子・不安げな子・寂しげな子・落ち着きのない子

この章のはじめに

さて、「生命感覚 - 触覚 - 複合体」の考察から、やはり身体的な自己知覚に携わっている「運動感覚 - 平衡感覚 - 複合体」の考察へと歩を進めましょう。そしてここでもまた、次のように問いましょう。「運動感覚 - 平衡感覚 - 領域に生じる『受肉プロセス』を促進することによってつくり出される素地は、魂の内にどのような能力を生み出すのか？」と。受肉プロセスとは、霊・魂と身体とが結びついていく個々の局面に生じるプロセスです。このプロセスの本質的な部分の働きは、子どもたちに外界（環境）とかかわっている自分の身体状態を、はっきり知覚する能力を身につけさせていくことです。それは厳密に言えば、魂と身体あるいは身体プロセスとの結びつきはどのようなものであるのかを知覚する能力に関する事柄です。もちろん、この結びつきが生じている場にはつねに外界がかかわってきている、ということが忘れられてはなりません。この辺の事情は、例として触覚の場合を振り返ってみれば明らかになるでしょう。そこでは、皮膚は境界をなす場として、また同時に、仲介する場として体験されます。つまり触覚には、身体輪郭を覆い護りつつ繊細に知覚するという側面があり（輪郭づけられ包み護られているという感情）、また、私が「相違の体験」、「身・魂の共振」と名づけた側面があります。この、世界から深く内的に触れられるという体験があればこそ、私たちは、息づいている現実の内に組みこまれている存在としての自分自身を体験することができるのですし、事物の内実についての判断を下すことができるのです。ここで明らかなのは、その知覚は第一に、外界と無意識的にかかわっている自分自身の「身・魂」の知覚であるということ、そしてその知覚を私たちは、触覚のおかげをもって、変化しつつも連続をなす基本的な体験として受け入れているということです。触覚はまた前出のショイルレも述べているように、「未知なるものを探査する」ための媒体、あるいは近しさ・親密さをつくり出すための媒体として、活動的な「自我と世界との相互理解」にかかわることになります。しかしそれは、第二、第三の要件です。つまり触覚は、第一次的には、その受肉プロセスのなかに次第に現れ、後に比較的安定したものになっていく、身・魂の特定かつ全般的な状態の知覚に向けられています。私が今「比較的」という言葉を用いたのは、そこには触覚が仲介する基本的な確かさ（安心感）を脅かす状況が繰り返し繰り返しやってくるので、その状態はまさに比較的に安定していくことしかできないからです。さて、それはともかく私たちは、触覚を育成するための教育的な基本姿勢と具体的な措置をとおして、その受肉プロセスを支え、子どもたちの将来へ向けて、触覚が仲介する基本的な確かさ（安心感）を、まさに確かなものにしてやるよう努めていかなければなりません。これは他の基礎感覚にも当てはまる要件です。どの場合にも大切なのは、受肉プロセス個々それぞれに特有のニュアンスを考慮すること、そして、それにふさわしい教育的手段をとおして、子どもたちに自らの存在の確かさを伝えてやることです。

自分自身の自由な魂を感じること

ルドルフ・シュタイナーは運動感覚を、まずは次のように特徴づけています。私たちが「まばたきから足の運びに到るまで」無意識裡に動かすことができるのは、運動感覚の働きがあるからである、と。私たちが何らかの動作をするとき、私たちの四肢・筋肉系のなかで生じている出来事はすべて、この感覚によって無意識裡に確認されています。カール・ケーニヒは『子どもが三つになるまで』[10]のなかでこう述べています。「筋肉の個々の運動は随意筋全体の協力を必要とする。それは言葉を話すときも同じである。その運動は随意筋全体の内に完全に組みこまれている」と。歩くときも踊るときも、あるいは単に指を折るときでさえ、受動的か能動的かの違いはあれ、筋肉組織の全体が意図された動作に順応しています。それは、無意識裡に絶えず実現されている、調整的かつ構成的な名人技であると言えるでしょう。私たちは運動感覚の仲介によって自分自身を知覚しつつ、そうした出来事にかかわっているのです。私たちは無意識裡の本能的・直観的な知覚能力について、つまり、無意識の内にとどまっている極めて鋭敏な「感知力」について語ることができるでしょう。しかし、無意識の内で密かに、内なる運動衝動に極めて繊細に応じ得る能力を身体に与えている作用、あるいは外的な動きを内的に辿りつつ「理解」する能力、ひいてはその外的な動きに順応し得る能力を与えている作用は、生活感情全般に影響を及ぼすものでもあるのです。

運動感覚の密かな働きが魂のいとなみの内へといわば放射するこの作用を、ルドルフ・シュタイナーは「自分自身の自由な魂を感知する能力」と呼んでいます。触覚は「輪郭づけられ包み護られているという感情」と、「無意識的かつ持続的な、神的世界との結びつきの体験」を与えてくれています。生命感覚は「基本的な心地よさ」を、運動感覚は「自由の感情」を呼び起こしてくれます。さあ、「神の手に護られているという感情」と「自らの内に憩う心地よい感情」に、「自由の感情」が加わりました。この自由の感情はより正確に表すなら、身体の内なる、自由な魂の動きにかかわる感情です。ルドルフ・シュタイナーはこうも述べています。「私たちは自分の筋肉の伸び縮みによって、歩いているのか立っているのか、跳んでいるのか踊っているのか、つまり動いているのか動いていないのか、動いているのだとすればそれはどのような動作なのかを知覚しています。そして、その知覚が私たちの内に生じさせるものを運動感覚が魂の内へと放射し、私たちを魂を持つ存在として感じさせる自由の感情を呼び起こします。皆さんが自分自身を自由な魂の持ち主としてお感じになるのは、私たちの知覚が私たちの内に生じさせたものを、運動感覚が魂の内へと放射しているからです」と。

皆さん、お忘れにならないでください。今ここでは、ふつうはほとんど意識されることのない感情が問題になっています。たとえば、不安に襲われたとき私たちは、触覚に仲介された基本的な確かさ（安心感）が失われてしまったことに気づきます。輪郭づけられ包み護られているという感情が崩れ去り、神の手に護られているという感情が消え去って、すべてが非現実的に感じられるようになるのです。心配事やいらだちに翻弄されていたり、集中力の欠如や忘れっぽさに悩んだりしているときには、何事もないときには自明のものとして受け入れていた感情が欠けていることに気づくでしょう。そう、生命感覚に仲介された心地よさ、冷静さ、持続性の感情が欠けていることに気づきます。すべてがうまくいっているときには、無意識的かつ持続的な知覚（触覚）と、その知覚に結びついている身・魂に関する基本的感情（生命感覚）が、それなしでは生活していくことのできない存在基盤をつくり出してくれています。存在基盤がしっかりしているときには、これらの知覚や感情が意識されることはありません。では、運動感覚に仲介される基本感情が豊かに育まれなかったときには、どのような結果が見られることになるでしょうか？　それはまもなく明らかになるはずですが、ここではまず、肯定的な側面から考えていくことにいたしましょう。

自律の感情

私たちは魂を持つ存在として、信頼を寄せるに足る身体の持続性の内に根を下ろしていると感じており（生命感覚）、また、身体形姿あるいはそれを形成し保持している力の組織によって「輪郭の内に護られている」と感じています（触覚）。そして、そうであればこそ、内的な、自由な動きが促されることになるのです。身体はいつも、この内的な、自由な動きのために、繊細で従順な知覚の道具、表現の道具として機能しています。こうしたことによってこそ、またこうしたことに「夢のような（無意識裡の）確信」を抱いているからこそ、私たちは現実的に、自分自身を魂の自律性の内に感じることができるのです。皆さん、「自律」を意味するこの外来語をご存知ですか？　この言葉には「本名」という意味もあるのですが、だからこそ、唯一無二の自律的な存在を表す「私」という言葉も、まさに「本人」を指し示す符号となるわけです。私たちが魂の自律性について語ることができるのも、このような内実があるからです。そうです。運動感覚は「自律の感情」を仲介しています。この感情が呼び起こされるのは、無意識裡に働いている運動感覚の「体験が、皆さんの魂の内へと放射」しているからです〔シュタイナー〕。これが運動感覚の根本現象です。自分の動作の内に自分自身を感じているからこそ、私たちは自由に動くことができるのです。

皆さん、何事かに不意をつかれて、ドタバタ慌てふためいているご自分を想像してみてください。たとえば、アリの巣の上にうっかり腰を下ろしてしまったご自分を。皆さんは即座に跳び上がり、見事なダンスをお始めになるにちがいありません。さて次は……、ハチに襲われた場面を想像してみてください。皆さんは腕や頭を闇雲に振りまわし、さらにはたぶん、自分の顔にビンタを食らわすことになるでしょう。皆さん、そのような状況のなかで、自分の動作を正しくコントロールすることなどできるでしょうか？　できるわけがありません。アリの巣の上に腰を下ろしてしまったようなときには、慌てふためくばかりで「自分自身の自由な魂」など感じられるはずもありません。要するに、運動感覚に仲介された存在の確かさは、自分の動作をしっかり把握していなければ得られるものではありません。身体の動作は無意識裡に把握されています。しかし、無意識だからといっても当てにならないということにはなりません。それどころか、それは最も確かなもの、困った状況に遭遇しても動じることのないものです。

私たちの意図した動作が、無意識裡に知覚しつつ働いている「繊細な調整」のもとにあるときは、私たちは運動感覚の最良の状態を手にしています。そのような状態にあるとき、運動感覚は私たちの動作に確かさを与えるべく働いており、さらに、外的な動きを内的に辿るときに求められる確かさをもたらしてくれています。ショイルレも明快に述べています。「運動を知覚するには私たち自身が運動しなければならず、さらに、その運動に内的に参加しなければならない」と。運動感覚はそもそも外的な動きをではなく、内的に「共になされた」動きを知覚しています。外界に見られる動きのプロセスを眺めている私たちは、そのプロセスを内的に、共に辿ることによって、自分自身を知覚しているのです。言うまでもないでしょうが、私は今、対象物の視覚的な知覚についてではなく、動きそのものの知覚について話しています。飛ぶ鳥を眺めているとき、私たちは視覚の助けを借りて、飛ぶ鳥の軌跡の先に次々と置かれていく鳥の位置の、連続的な変化を辿っています。しかし、そのような変化を辿ることができるのは、運動感覚が視覚プロセスの内にいわば入りこんでいるからです。そうです。そうであればこそ、私たちは鳥が飛んでいることを、つまり、特定の速度でその位置を移しつつ全体としての動きの経過を生み出している鳥の動きを、「理解」することができるのです。飛ぶ鳥の動きを内的に、共に辿りつつ、そのプロセスにいわば見入ることがなければ、飛んでいる鳥の様子も、また鳥が飛んでいるということそれ自体も理解できないでしょう。私たちははっきり言うことができるでしょう。「動きの知覚はすべて、直接的にも間接的にも、自己運動の知覚なのだ」と。ルドルフ・シュタイナーは基礎感覚全般について、しかしなかでも運動感覚に関して、こう語っています。「興味深いことに、私たちは明らかに主観的に内へと向かって知覚しているのに、私たちが知覚しているプロセスは完全に客観的なのです」と。ちなみに、この言葉の前後を入れ替えて表せばこうなります。飛ぶ鳥あるいは風に揺れる梢といった客観的なプロセスをも、私たちは「明らかに主観的に内へと向かって知覚している」のです。

隠れた芸術家

たとえば慌しい動き、脈絡のない動き、ぎくしゃくした動きなど、自然なテンポから逸脱した動きは、自分の動きであれ他の動きであれ、突然の爆発音や耳障りな物音が聴覚にとって不快な現象であるのと同じように、運動感覚にとっては不快な現象です。そのような現象は運動感覚に無理を強いることになるからです。運動感覚は目的に適った動きをこそ求めています。先にも述べた「外界と無意識裡にかかわっている『身・魂』をこの場にふさわしいかたちに捉え直すなら、それはこうなるでしょう。「私たちは自由に動く存在として、世界の運動関連のなかに合理的に組みこまれていると感じている」と。この、自由な在り方と世界との結びつきが、同時に体験されていくなら、魂の内に、ある一定の素地が形成されていきます。そしてそれは、いわば絶えず輝きつづける、あるいはかすかに沁み出るような明るさとして、窮地に陥っても、心配事があっても、あるいは不安を覚えることがあっても、完全にはその明るさを失うことなく無意識裡に機能することになるのです。

ある一定の素地、それは、「自由がもたらす調和的な関係」のための素地と言うことができるでしょう。そしてそこには、将来への期待や確信が保たれることになるでしょう。極めて困難な状況下にあっても、新たな生活への「運動衝動」を呼び起こせるのではないかという期待や、自ら決意すれば生活は変えていくことができるのだという確信が。たとえば、深い悩みに打ちのめされ失望感に苛まれている男が、それにもかかわらず投げやりにならずに「これはこれで仕方がない、問題なのはこれからなのだ」と、心中密かに呟くことができたなら、それはその男が、運動感覚に仲介された基本的な確かさ（安心感）とそれに伴う自律の感情をしっかり培ってきたからです。その素朴な呟きの前半――「これはこれで仕方がない」――は、過去に生じた否定的な出来事についての判断です。「もはや変えようのない、動かすことのできない過去の出来事に固執するのは無意味なことだ。これは私の人生に生じた事実、そのまま認めるしかない部分的な事実であるにすぎないのだ」と。そう、「これはこれで仕方がない」のです。呟きの後半――「問題なのはこれからなのだ」――には、自分の行動力に対する信頼感が表出されています。ここでは彼は、将来への期待を抱いている「自分自身の自由な魂」を感じ取っています。運動感覚によって仲介された自律の感情は、生命感覚による「基本的な心地よさの感情」や触覚による「輪郭づけられ包み護られているという感情」とは異なり、未来とかかわる局面を持っているのです。

しかしここにはさらに、こうしたこととは少し様相を異にする要件が登場します。今まで私たちは、発達していく運動感覚の基礎段階における「自分自身の自由な動きの内に生じる自己知覚」を、身体的な自己運動という観点から、あるいは対象の動きに対する内的な共動という観点から述べてきました。さて運動感覚にももちろん、生命感覚と触覚の場合に見てきた要件がそのまま当てはまります。つまり、知覚能力はメタモルフォーゼしていくということです。ですから私たちは、ここでこう問わなければなりません。「運動感覚に仲介された自律的な在り方は魂の内にどのように現れ、そこにはどのような高まり（高昇）があるのか？」と。感動を覚えたとき、私たちの魂は揺り動かされます。まさに「感動」という言葉が表しているように。ある段階に達した運動感覚は、私たちに感動を体験させてくれるものにメタモルフォーゼしています。私たちはその感動の体験に導かれながら、外界や他者とかかわっている私たちの感情生活を豊かにしていくのです。

ですからここでも、私たちはこう言うことができるでしょう。「自分自身の魂の動きを感じ取る能力は、他者の魂の動きを内的に理解しつつ共に辿ることができる状態をもたらしてくれる」と。さらに、その魂の動きは自律神経プロセスに触れることになるので、そこにもやはり、その動きに相応した身体的動作が生じます。しかしこれは、誰にとっても明らかなことでしょう。私たちの現在の関心事は、純粋な感情領域に生じる自由な動きの現象です。感情に溺れることなく、自分の感情世界をいわば味わいつつ体験し、その内にとどまることができるなら、そしてさらに、自らを体験するその在り方に基づきつつ、そこに関連性と持続性を保つことができるなら、そこにはかの自律の感情が生じます。もちろん魂のいとなみの内には、混沌も、性急さも、断続も存在しています。要するにこの段階にも、身体的にも見られたように、自己運動知覚が乱されるプロセスがあるということです。そうなるとそこには、「自分自身の自由な魂を感知する能力」は生じません。それは、私たちが私たちの感情生活のなかで、自ら感じつつ、共感しつつ、自分自身を確認し、コントロールし得てこそ生じます。そしてこの共感の局面は、もっともっと強調されてもよい局面なのです。

人間的な感情というものを少しでも理解している人なら、自分の感情がまったく理解されない状況がどのようなものであるかを、よく知っているはずです。そうです。それはまさに自由の侵害です。「自由がもたらす調和的な関係」は、すでに述べましたように、自律的な自由な在り方（自主性）と世界との結びつきが同時に体験される場に生じます。このことはやはり（そして特に）、人と人とのあいだに生じる社会的関係にも当てはまります。心理学ゼミナールなどでは、「感情は意識的にコントロールし得るものではない」といった主張が強調されることがあります。「それは思考の領域でこそ可能になるのだ」と。確かにそれはそのとおりです。しかしそこには、思考による自己コントロールに関する幾ばくかの思い違いがあるのです。感情をコントロールしようとしてあまりにも論理的に対処するなら、それは感情にとって、まったく馴染めないものになってしまいます。論理の硬直した形式に押しこめられて、感情は圧殺されてしまいます。

ですから、自主性について語ろうとするなら、私たちはこのようなこととはまた別の事柄について考えてみなければなりません。私たちは思考が示す方向へではなく、かの「繊細な調整」が示す方向へと舵《かじ》を取らなければなりません。では「繊細な調整」とは何を示しているのでしょうか？　そう、私たちの筋肉組織です。奇妙に思われるでしょうか？　実は、このことにはすでに触れているのですが……。皆さん、思い出してください。筋肉の個々の動きは随意筋全体の協力を必要としています。この協力があるからこそ私たちはいつも、まるごと一人の人間として動くことができるのです。身体の一部だけが動くということは決してありません。私たちは、緊張と弛緩（伸び縮み）のあいだに細やかなニュアンスを与えつつ、四肢・筋肉系全体を、その都度の動作に沿わせているのです。たとえば、腕を伸ばすときにはどの部位の筋肉が共に動くことになるのかを、私たちは本能的に「知って」います。どのようなものであれ運動衝動が生じると、それはすぐさま補完的な運動衝動を呼び起こします。腕を伸ばせば、そこにはすぐさま「エネルギーの流れ」――ルドルフ・シュタイナーによれば「アストラル的な流れ」――が生じ、腕の動きが度を越さないようにと、その動きをいわば調整し、弱めようとします。「ある身体状態の内に何らかの変化が生じるときはいつも、その変化に対向するアストラル的な流れが生体内に生じます。まばたきをするときにも、足を運ぶときにも。内的に体験されるこの補完プロセスのなかに…自己運動感覚は現れます」〔シュタイナー〕。そうです。「繊細な調整」が示しているのは、筋肉全体に働きかけて、そこに均衡をもたらそうとする補完衝動です。感情の動きの領域でも同じように、繊細な調整が密かに実現されています。皆さんは感情の動きのそれぞれに、やはりまるごと一人の人間としてかかわっているのです。皆さんは感情の「状態変化」のそれぞれを極めて繊細に感じ取りつつ、魂の内なる全体的関連性が乱れないようにと本能的に反応しています。たとえば、共感の思いを募らせすぎて魂が奪われてしまわないようにと、あるいは、悲しみの内に沈みこんでしまわないようにと。私たちの感情生活を一枚の絵にたとえてみるなら、それは、色彩、形態、構成を絶えず変化させている絵になるでしょう。画面上ではその都度の雰囲気に応じて、赤あるいは青が、丸い要素あるいは角ばった要素が、面の要素あるいは線の要素が、優勢を占めることになるでしょう。とはいえそのようなプロセスには、繊細な感知力を備えている隠れた芸術家が共にかかわり、画面の調和が崩れてしまわないように気を配りつつ、全体にまとまりを与えてくれるでしょう。皆さん、この隠れた芸術家とは皆さんご自身のことであり、繊細な感知力とは魂の自己運動知覚のことなのです。均衡をもたらそうとする補完衝動は、ここでもまた極めて重要な役割を担っているのです。

魂の繊細な調整について

さきほど引用したルドルフ・シュタイナーの言葉を少し入れ換えて表現すれば、次のようになるでしょう。「ある感情の内に変化が生じるときはいつも、その反対の極に、補完的に作用するアストラル的な運動衝動が現れる。内的に体験されるこのプロセスのなかに、高められた自己運動感覚活動が現れる」と。しかし皆さん、皆さんが何かにつけ喜んだり怒ったりされたとき、すぐさま反対の側に魂の「補色」が現れるのでなかったなら、つまり、大きな喜びの内に、気づかれないほどのかすかな悲しみが滲み出さなかったなら、あるいは激しい怒りの内に、満足感のかすかな吐息が漏れるのでなかったなら、そう、感情が強く揺さぶられたときに、魂の内にそれを鎮める反対の動きが自ずと生じるのでなかったなら、皆さんはご自分の感情にいとも容易に翻弄されてしまうでしょう。このようなことは、実は誰もが知っているはずなのですが……。私たちは感情の高ぶりに突然襲われることがありますが、そうすると私たちの魂の自己運動知覚は、過大な要求を突きつけられることになるのです。かの隠れた芸術家の反応はあまり素早いものではありません。ですからたとえば、「盲目の激怒に駆られて……」などということも生じてしまうわけです。俗に言うこの盲目の激怒は、もちろん大げさな言い回しとして理解されなければなりません。そこで盲になっているのは魂の自己知覚であって、目のそれでないことは言うまでもありません。そして、人は後で言うことになるのです。「何をしでかしてしまったのか自分にもまったく分からない」と。この状態は法律用語で表すなら、帰責能力が低下している状態です。もちろん怒りだけではなく、喜び、悲しみ、不安、欲望、あるいは嫌悪感も、私たちを盲にするほどにも大きく、激しくなることがありますが、そうなってしまうとその場からは、魂の内なる繊細な調整も、構成的な感知力も、補完的な運動衝動も、すべてが消え去ってしまいます。そのようなことが起こったとき、大人である私たちは、事が終わってから言うことになるのです。「あのときはもしかしたら病気だったのかもしれない」などと。そして確かに、それは正しい思いでもあるのです。なぜなら、身体の内外を問わず突然コントロールを失ってしまった状態とは、まさに常軌を逸した病的状態であるのですから。

皆さん、誤解なさらないでください。感情の素直な現れをはしたないことと見なして非難する人々がいますが、私はそのような間違った中庸精神《ニュートラル》を弁護しようとしているのではありません。彼らは実際のところ、私たちの誰もが少しは抱えている罪悪感コンプレックスに強く囚われており、そこから逃れられずにいるのです。彼らが中庸精神にしがみついているのは、不安のゆえに、まさにそうせざるを得ないからです。彼らは、幸せな思いをじかに表現するのははしたないことだと思っています。要するに彼らは、できればあまり幸せになりたくないのです。実に気の毒なこの状態は、魂の「補色」原理に関する基本的な誤解に関連しています。述べましたように、この奇妙な罪悪感は、私たちの「集合的無意識」の内に深く根を下ろしています。この罪悪感とまったく闘う必要のなかった人などいるでしょうか？ 私はそのような人を一人たりとも知りません。それに、この罪悪感はまったく無意味なものでもありません。なぜならこの罪悪感は、快楽主義やうぬぼれから私たちを護ってくれてもいるのですから。私は思うのですが、そこには本質的な何かが隠されているのです。たとえばこうは言えないでしょうか？「誰もがかかわらざるを得ない罪の世界から、われ関せずとばかりに自分だけ密かに逃げ出そうとするのは、一種の『原罪』を負うことなのだ」と。しかし述べたような、誤った思いにはまりこんでしまった人々には、もはや人生を楽しむ余地さえ残されていないでしょう。それにそれだけならまだしも、そのような人々がさらに、幸せや喜びを感じることに対する彼らの不安を、権威的な力と結びつけるなどして、周囲の人々にも押しつけるようになったとしたら、それは社会的にも極めて悪い影響を及ぼすことになるでしょう。明るい鮮やかな色彩を嫌いながら陽射しが落とす暗い影にも不安を覚えて、太陽をさえ紫のベールで覆ってしまいかねないような、コンプレックスに凝り固まった敵対感情を弁護しなければならない理由は私にはまったくありません。とはいえ私たちの誰もが、このコンプレックスを少しは抱え持っているのです。ですから、私たちにも何らかの助けが必要になります。私たちの内には光と影を結びつけつつ色彩を巧みに扱っている存在、魂をまるごと支えている「内なる芸術家」がいなければなりません。運動衝動の内で繊細な調整に配慮している内なる芸術家がいなければ、私たちは踊ることさえできなかったことでしょう。そうです。感情の世界に関しても、まさに同じことが言えるのです。

動きのなかで一つの「まとまり」をなしている魂

小さな子どもたちと何らかのかたちでかかわっている人なら、彼らの「内なる芸術家」はまだ修行中であることを知っているはずです。子どもたちが周囲の状況にわけなく左右され、しばしば移行点さえ定かにならない気分の冷温交互浴を強いられているのは、彼らの「内なる芸術家」がまだ修行中であるからです。ですからここでは、程よく調整する働きかけがご両親の課題となるでしょう。皆さんのお子さんが寂しげな‐沈みがちなお子さんであったなら、慰め、元気づけてやらなければなりません。楽しいことなど何もないはずなのにいつもはしゃぎまわっているお子さんであったなら、鎮め、落着かせてやり、不安げに‐ためらいがちにしているお子さんであったなら、勇気づけ、励ましてやらなければなりません。私たち大人はたいていの場合、人に頼らずとも自らを慰め、鎮め、励ますことができますが、それは、自分の感情の動きを細やかに感じ取る知覚感覚が、私たちには備わっているからですし、その本能的・直観的な確かさが、自己疎外や鬱《うつ》にはまりこむ危険性を、そのような兆候が生じた段階ですでに私たちに気づかせ、バランスをとらせてくれているからです。ここにはまた、すでに述べた、かの事情をつけ加えるべきでしょう。「私たちの感情生活は『自分自身の自由な魂』の自律性を、内的・無意識的に感じ取っているのだ」ということを。この自律性の体験は、運動感覚がもっぱら身体を繊細に調整している段階に生じ始めますが、それは、私たちが自分の感情の世界に

「内なる芸術家」を見いだしていくことによって、次第に深まっていきます。こうしたことはもちろん、ほとんどの場合やはり無意識裡に体験されています。しかしこの無意識のプロセスは、私たちの魂の一般的な状態にも大きな作用を及ぼしているのです。私たちがその都度の気分や感情の動きに右往左往させられずに、魂のいとなみを一つのまとまりのなかに保っていられるのはなぜなのでしょうか？それはそこでは、自分自身の魂のいとなみが、自律的なもの、信頼に足るもの、関連性を繋ぐものとして感じ取られているからです。しかし小さな子どもたちは、そのように感じ取れるほどにはまだ育っておりません。彼らにはまだ一貫した自己知覚が備わっていないので、自分自身を一貫したものとして感じ取ることができずにいるのです。彼らは「一つのまとまりをなす魂の内に在る」自分を、まだ感じ取ってはおりません。彼らの魂は、外界とのかかわりのなかで絶えず変動してはいても、自律的なもの、信頼に足るもの、関連性を繋ぐものの幾ばくかは、自らの内にとどめつつあるのですが……。このようなことはもちろん、子どもたちにはまだ体験することはできません。彼らはまだ、「自由に動く存在として、世界の全体的な運動関連のなかに合理的に組みこまれている」自分を感じてはいないのです。自律的な自由な在り方と世界との結びつきを同時に体験させてくれている運動感覚は、そのような同時的な体験を用意することをとおして、触覚や生命感覚と共に、それなしでは生活していくことのできない存在基盤をつくり出しているのです。

感情移入と思いやりの心

生命感覚に仲介された身体的な心地よさの感情は、後に魂の内に再び現れ、そこに忍耐と畏敬の念を、また寛容という社会的な徳を呼び起こしてくれます。触覚に仲介された、輪郭と覆いに関する感情――輪郭づけられ包み護られている――は、後に魂の内に再び現れ、そこに積極的な関心を、また配慮の行き届いた生活態度を呼び起こしてくれます。しかしここには、自由の感情はまだ生じていません。そう、外界や人々との私たちのかかわり合いのなかに、自らを明け渡すことのない、柔軟性や適応力を持ちこんでくれる自由の感情は、運動感覚に由来しているからです。人々や状況とかかわる際のしなやかさ、対話の場でのこだわりのなさ、活気……、それらは、ある人には備わっていてある人には備わっていないといった、天与の素質などではありません。それは素質というのではなく、その場その場の状況を正しく判断し得るようになるために、運動感覚がもたらしてくれる基本的前提条件としての能力なのです。そこに内在している道徳的内実は、私が今述べたことから、まさに必然的に明らかになるでしょう。そうです。他者の動きを共に動くことができなかったなら、寛容や積極的な関心などいったい何になるでしょうか？ さて、このようなことは論理的に述べるしかありません。なぜなら触覚について述べているときにも、そこにはすでに運動感覚が入りこんでいるからですし、生命感覚について述べているときにも、そこではあらかじめ触覚を前提にしなければならないからです。ある基礎感覚の場にはいつも、その他の基礎感覚が密かに加わってきているのです。

比較するために、四つの元素（地・水・火・風）を取り上げましょう。「水」の元素について述べようとしても、空気（風）や熱（火）や重力（地）の作用を外してしまったなら、何も述べることはできないでしょう。しかしこれらの元素は、それぞれの仕方で私たちの在り様を決定づけてもいる、四つの重要な元素なのです。この事情は基礎感覚の場合も同じです。さて、もう一度繰り返しましょう。他者の動きを共に動くことができなかったなら、寛容や積極的な関心などいったい何になるというのでしょう？　寛容の精神を発揮しようとしても、何もなし得ない単なる見物人になってしまうでしょうし、積極的にかかわろうと努力しても、結局は何も理解し得ないことになるでしょう。運動感覚に仲介された魂の能力をとおしてこそ、私たちは生き生きと深く感じられるようになるのであり、内的かつ動的にかかわることができるようになるのです。私たちにとって極めて大切な能力、感情移入の能力や思いやりの能力は、ここにその発達史的背景を持つのであり、このような背景のもとに、隣人の人格、個性、感情の繊細な動きに対する感受性が高められていくのです。

感覚論に詳しい方々のために、ほんの少しつけ加えておきましょう。触覚と最も密接に結びついている「自我感覚」は、他者の人格や個性の深層により深く入りこみます。追体験による他者の理解は高められた触覚によるものです。自我感覚による他者の理解は、まさに本能的・直観的に得られる本質的なものなのです。

誤った診断――厳しい発達条件について

私たちは今、魂のいとなみに関する極めて重要な事実に直面しています。他者の感情の動きに沿いながら、他者の身になって考えることが本当にできるようになるためには、「自分自身の自由な魂を感知する能力」が培われていなければなりません。身体的な段階で実現されるはずの「内なる自由の体験」なしには、他者への共感など生まれるはずもありません。自由の感情と他者を思う心は、分かちがたく結びついています。今日の時代は、このような発言を決して受け入れようとはしないでしょうが、この言葉が真実に対応していることに変わりはありません。真に他者の身になって考えることができるようになるためには、運動感覚に仲介された基本感情が欠かせません。他者に対する思いやりの心は「自由がもたらす調和的な関係」の上にこそ芽生えます。とはいえ私は、生まれつきの運動障害者には思いやりの心が欠如しているなどという、ばかげたことを言うつもりはまったくありません。私は、そのような運命論的な考え方には与《くみ》しません。運動能力と言語能力は議論の余地なく密接に関連しているとはいえ、麻痺が言語機能にまで及んでいる子どもが母語をマスターすることもあるのです。そう、まさに内なる模倣をとおして。重度自閉症の青年であるビルガー・ゼリーンがジャーナリズムを賑わせたのは数ヶ月ほど前のことでした。彼は身体に麻痺こそありませんでしたが、一言もしゃべることができず、周囲の誰からも重度の精神遅滞と見なされていました。ところが、母親の助けのもと、コンピュータに向かうようになった彼は、極めて才能豊かな詩人であることを示したのです。

用いられることのない身体の内に豊かな魂が息づいているにもかかわらず、どれほど多くの青少年が精神遅滞と診断され、治療されていることか……、私は敢えて知りたくもありません。しかし、現実にそのようなことがあるのであれば、次のように言うことは完全に間違っています。「重度の運動障害者には『自分自身の自由な魂を感知する能力』は生じ得ない。ゆえに当然、そのような者には思いやりの心など発生するはずもない」などと。自由な身体運動、魂の自由の体験、他者への感情移入能力とのあいだには肯定的な関連があるのだという事実は、そのような逆立ちした因果の連鎖を認めるわけがありません。しかし、すでに身体的な基礎段階に障害があった場合の、その厳しい発達条件について語ることは認めてくれるでしょう。そうです。厳しい条件下に獲得された能力はしばしば実に見事な花を咲かせて、私たちを驚かせることがあるのですから。もっともだからといって、私たちの教育的任務をおろそかにさせることになる、居心地のよい相対主義――「そうさ、誰もが運命というものを持っているのさ」――に迷いこむようなことがあってはなりません。なぜなら私たちの教育的任務は、子どもたちの成長へ向けて可能なかぎり好ましい条件をつくり出してやることであり、特に厳しい条件下にある子どもたちには、その負荷を軽減するために、私たちの力のすべてを注いでやることなのですから。

私たちは、子どもたちが担っているそれぞれに異なる運命を十全に認めた上で、惜しみない助力を注いでやらなければなりません。たとえば、運動障害を持つ子どもたちには運動感覚の育成に特に力を注いでやる、というように。彼らは、運動感覚に仲介される基本的な確かさを何にも増して必要としているのに、自由な身体運動が獲得されるはずの基礎段階をいわば飛び越してしまわなければなりません。あるいは、その段階で得られる体験の大部分を諦めなければなりません。彼らは文字通り内的に模倣しつつ、人間にふさわしい動きの世界に順応していかなければならないのです。ですから、彼らの内なる模倣の場に助けの手を差し伸べてやることこそが、彼らのその後の人生に、重要な、いや、たぶん決定的な役割を果たす（治療）教育的課題となるのです。

人智学的に運営されている施設では、オイリュトミー療法士たちが車椅子の子どもたちを中にして「踊りまわる」光景が見られます。オイリュトミー療法には、述べたような点に関する極めて深い意味があるからです——それを知らない人々には、分けのわからぬ奇妙な光景としか映らないかもしれませんが——。オイリュトミー療法士たちは単に踊りまわっているのではありません。彼らは考え抜かれた身ぶり言語を用いて、子どもたちの内なる模倣能力に呼びかけ、さらに彼らの模倣能力をとおして、彼らの運動感覚に働きかけているのです。身体に障害のある子どもたちには運動の授業は不要であるという見解は、完全に逆立ちしています——ヴァルドルフ学校では、運動の授業は一つの重要なエポック授業として位置づけられています——。私たちは遊戯的な動きを、授業のなかにもっともっと取りこんでいかなければなりません。子どもたちをそのような動きのなかに程よく誘いこんでやったり、ただ見せてやったりするなどして。動けずにいる彼らも内的には動いています。だからこそ、内なる動き、内なる模倣能力に刺激を与えることが、運動障害を持つ子どもたちに対する教育的原則となるのです。このような教育的原則をとおしてこそ私たちは、子どもたちが障害のゆえにひどく脅えるようになったり、気おくれを感じたり、孤独のなかに閉じこもったりしないように、助けてやることができるのです。そうです。脅え、気おくれ、孤独感こそが、痙性の運動障害のせいでしっかり模倣することのできない子どもたちにとっての、最大の敵なのです。彼らは、周囲で起こっている出来事に柔軟に反応することができずにいます。突然の状況変化を克服するために必要な、すばやい内的反応が欠けているために、周囲にさわぎが生じたようなときには大きな無理を強いられます（脅え）。そのせいで彼らは、出来事に正しく対応することができないという思い、「ついていけない」という思いにつきまとわれることになるのです（気おくれ）。私自身が体験したことですが、周囲の人間が興奮気味に慌しく動きまわっただけで脅えてしまい、ひきつけの発作を起こした子どもさえいたのです。これはもちろん極端な例です。しかしこのような出来事は、運動感覚は何のために必要なのかを極めて印象的に示しています。

寂しげな‐沈みがちな子ども ─ 潜在的な運動感覚障害の特徴

運動感覚は私たちに、周囲の出来事に対する内的適応能力を与えてくれています。つまり何らかの外的動きに直面したとき、私たちはその動きを内的に模倣しつつ共に動くことによって、その動きの印象をいわば「中和」しています。内的に模倣しつつ共に動くという体験を持っているからこそ、私たちはその動きに向き合い、その動きの印象に相応した反応を示すことができるのです。そしてそれは、もっぱら潜在的に生じます。小さな子どもの素直な模倣能力は後に内面化され、自己運動感覚の無意識的な知覚能力にメタモルフォーゼしていきます。この知覚能力がうまく発揮されなくなると、私たちは文字通り、全体的な見当を失ってしまいます。そして、そこに生じる不安感とぎこちなさによって、当該の状況に正しく対応し得ない状態に陥ることになるのです。そう、私たちはいわばよそ者として無為を強いられ、当の出来事の真っ只中に立ちすくむことになるのです。出来事が私たちを強く混乱させるようなものであった場合には、逃げ出そうにも逃げ出せないその状況のなかにパニックが拡がり、私たちはただただ慌てふためくことになるでしょう。またそのようなときには、生命感覚や触覚に仲介された基本的な確かさも崩れ去ってしまうでしょう。というのも述べましたように、それらは皆、互いに関連し合っているのですから。しかし、内なる適応能力や共動能力を失わせるのは、騒然とした状況ばかりではありません。それは何の変哲もない、ごくふつうの会話の場にも生じます。私たちは突然気づきます。「もう会話を共にすることはできない。私はすでに会話の脈絡を失ってしまった。皆の話しは聞いているし、何が話されているのかも頭ではおおよそ理解している。しかし、この会話のプロセスにはなぜか入っていけない。私は会話の外にいる」と。私たちはそこに孤独を感じ、気おくれを感じます。そして、そのようなときに誰かに話しかけられると、一瞬、きょとんとすることになるのです。このようなことは、皆さんにも覚えがあるのではないでしょうか？

さて、皆さんのなかに感覚論に精通している方がいらっしゃったなら、今ここでおもむろに手を挙げて、こう発言なさるかもしれません。「それはむしろ、高次の『理解感覚』の問題、言語感覚、思考感覚、自我感覚の問題なのではなかろうか？」と。しかしそのような発言があったとしても、私は反論しないでしょう。なぜなら諸感覚はすべて、いわば「共生的」なかかわりのなかにあるのですし、まさに四つの基礎感覚と「理解感覚」とのあいだには、極めて密接なつながりがあるからです。実際、このこと自体が一つのテーマにもなり得るのですが、私たちは今回、そこまで立ち入ることはできません。さあ本題に戻りましょう。四つの基礎感覚を視野に入れた上で、今述べた「会話からの脱落」を考えてみるなら、問題になるのはやはり何よりも、運動感覚のいらだちです。ですから私たちは運動感覚を、会話の場などで働くその働きを強調するためにも、そう、すでにメタモルフォーゼしたその特殊な働き、会話のプロセス（社会的プロセス）を模倣しつつ辿るというその特殊な働きを強調するためにも、「共‐運動感覚」と呼ぶこともできるでしょう。

皆さん、ご自分の体験を思い出してみてください。まわりでは打ち解けた歓談がつづいているのに、なぜかしらふいに、「もう、ついていけない」という思いに襲われたことはありませんか？まるで麻痺してしまったかのように。まあ、パニックに陥ったりはしなかったでしょうが、仲間はずれにされたような気分、一種の寂しさを味わったことはあるのではないでしょうか？この小さな不運が生じるのはほとんどの場合、自分が抱えている何らかの問題に強く囚われているために、その問題にまつわる考えや思いがまさに強迫的に堂々巡りしているからです。その背後にはたいていの場合、不可抗力的に生じる状態、いわば「自分自身にこだわる状態」が潜んでいます。皆さん、周囲に起こっている事柄のなかになぜか入りこめずにいるようなときを捉えて、ご自分の内的状態を一度分析してみてください。そうすれば皆さんも、自分のことばかりでなく、運動感覚障害を持つがゆえに孤独感や気おくれに苛まれている子どもたちのことを、より深く理解することができるはずです。

先に進む前に繰り返しておきましょう。顕性の、誰の目にも明らかな運動障害児の場合には、彼らの内なる模倣能力を強く刺激してやることが、あるいは、ジェスチャー遊びや、いわゆる「かけあい」を強調した対話遊びやグループ遊びなどに誘いこんでやることが、極めて有効な働きかけとなります。さあ今度は、次のような子どもたちについて見ていきましょう。外見的にはまったく「ふつう」に育ってきたのに、つまり顕性の運動障害児ではないのに、ある時期からその様子に気になる変化を示すようになる子どもたちです。この変化は三～四歳ごろに始まり、度合いを強めながら学齢期にまで及びます。さて、この変化がなぜ私たちを心配させるのかといえば、そこには、孤独感や対人恐怖症的な感情と結びついた、強迫的な「閉じこもり」の傾向が見られるようになるからです。

彼らは幼稚園などでも、たいていの場合、皆から一人離れて積み木遊びをしたりしています。かといって、その遊びに熱中しているわけでもありません。他にすることもないので仕方なく遊んでいるといった様子です。視線をどこか遠くへさまよわせ、何やら独りぶつぶつ呟いています。皆が輪になって遊んでいるときも、一人だけ輪から外れてうろうろしたり、とんちんかんな方向へ向かったりしています。そう、その姿は、あたかもサンチョパンサによるドンキホーテ評の「しょぼくれた騎士」のような風情です。そして、そのようなとき誰かに声をかけられたりすると、すぐそばで破裂音がしたかのようにびっくりして立ちすくみます。皆さん、おおよその輪郭を述べるなら、これが運動感覚障害を潜在的に持つ子どもたちの、つまり「自分自身の自由な魂を感知する能力」が望まれたようにはまだ育まれていない子どもたちの、典型的な様子です。いわゆるふつうの子どもたちの場合には身体を動かす喜びとじかにつながっている「自由がもたらす調和的な関係」が、彼らの内にはまだ芽生えていないのです。さて身体を動かす喜びとは言っても、ここで言うそれは、いわゆる運動多幸症的な、極度に興奮した手に負えない乱暴な動きの喜びではありません——もちろんそのような動きも、気質的に活発な子どもたちの場合には、必然的なものとして認めてやらなければなりませんが——。それはここでは、一定の意味内容を伴った動きを静かに味わうことの喜び、本来的な模倣の喜びを意味しています。

幼児期の模倣から身体を動かす喜びが生まれ、その喜びが内面化されることによって、生活する喜びが生まれます。無心に模倣している子どもは、とりわけ人間的な、人間にふさわしい動きの世界に息づいています。彼らは模倣しながらまっすぐに立ち上がり、歩き出し、言葉を覚え、「身体言語」を身につけていきます。彼らはさらに、指遊び、サークル遊び、ジェスチャー遊び、ダンス遊びなどを面白がるようになり、とりわけ、両親や周囲の人々の日常生活に見られる変哲もないあれこれを、逐一模倣することに熱中し出します。さて、直接的な模倣衝動から解き放たれると、身体を動かす喜びを通じて、自由への欲求が頭をもたげてきます。気ままに吹く風や自由に飛ぶ鳥のように、もっと自由に動きまわりたい、もっと自由になりたいという欲求が、引きもきらずに湧き上がってくるのです。飛んだり跳ねたりよじ登ったり、スケートボードや自転車でやみくもに走りまわったり、危険をかえりみずにサーカス遊びをしたり……、そう、今度はスポーティな活動が目につくようになるのですが、皆さん、注意して見ていてください。彼らはたいていの場合、一人でではなく二人で、あるいはグループで遊んでいます。なぜなら、身体を動かす喜びとグループ遊びのダイナミックな喜びは、子どもたちにとっては同じ事柄の二つの側面であるからです。もちろん、そもそも気質的・体質的に動作が緩慢な子どもたちもいます。しかし、先に描写したような潜在的運動感覚障害や模倣衝動の弱さが見られなければ、そのような子どもたちには何の心配もありません。

さまざまな要因——幼児期における模倣活動に関して

寂しげな‐沈みがちな、内に閉じこもりがちな傾向を持つ子どもたちは、模倣衝動の弱い子どもたちであると言えるでしょう。そのような傾向や偏りが現れたなら、それは彼らの模倣能力に問題があるのです。とはいえ、それには個々それぞれにさまざまな要因が考えられるでしょう。その要因を単に教育のせいにすることも決してあってはなりません。そのような傾向を持つに到った子どもたちは、幼児期に行なわれるべき模倣活動が不充分であったがために、自己運動感覚を充分に鍛えることができなかったのであり、したがってまた彼らには、私たちが「自由がもたらす調和的な関係」と名づけて詳しく特徴づけてきた、運動感覚に仲介された基本的な確かさが欠けているのです。寂しげな‐沈みがちな子どもたち、強迫的に内に閉じこもりがちな子どもたちの場合にも、他の子どもたちと同じように、まっすぐに立ち、歩き、話せるようになるための模倣活動は充分になされているのです。しかし運動エネルギーが、いわば頭のてっぺんから足のつま先まで浸透していると感じるまでには到っておらず、したがってまた、他者とのあいだに働く社会的な、繊細な「音楽性」を身につけるまでには到っていないのです。

これは、運動感覚の発達過程が道半ばにして停滞している状態、とも言えるでしょう。かの「内なる芸術家」を、彼らは体験していません。感情的な適応・共振能力、魂の「繊細な調整」が彼らには欠けています。だからこそ彼らはいつも、帰属感の希薄さや社会的プロセスからの脱落感を、あるいはまた、周囲に起こっている事柄を正しく理解し得ないがゆえの疎外感を、抱かざるを得ずにいるのです。ですから彼らに、いわゆる理解遅延が見られることがあるにしても、それは知性の欠損によるものでは決してありません。それは、幼児期の模倣活動がなぜか抑えられていたことによって生じた、運動感覚の脆弱さゆえのことなのです。たとえば遺伝によるものであるかないかはともかく、生まれながらの視覚障害があるように、身体感覚にもそのようなことがあるのです。もちろん後天的な障害もあります。たとえば、テレビを始めとする眼や耳への強い刺激、めまぐるしい環境の変化、自動車や飛行機での旅行など、あまりにも過剰かつ強烈であるために対処しきれないような印象は、模倣しつつある子どもに障害をもたらすことになりかねません。また反対に、何の刺激も与えないほったらかしも有害です。言うまでもありませんが、脅えさせてしまうような雰囲気や体罰は、模倣能力を完璧に抑圧してしまいます。模倣しつつある子どもにとっての一番よい状況は、静かに見聞きしながら過ごすことのできる、見通しのよい落着いた雰囲気であり、安らかに眠ることのできる環境です。これが最も大切な点です。とはいえ述べましたように、このような点に関して両親には何の落ち度もないのに、その子どもに運動感覚の脆弱さが見られることもあるでしょう。そう、簡潔に述べさせていただくなら、カルマに由来するとしか言いようのない場合もあるでしょう。唯一無二の人格を持つ子どもの必然的な運命として、この世の因果関係からだけでは説明しきれない場合もあるでしょう。

天使が触れる ― 子どもが抱いている無意識の郷愁

天使は生命感覚を育もうと、整えつつ‐調和をもたらしつつ、夜の側から働きかけてくれています。子どもたちはそのような天使の働きかけのなかで、愛の力へと高められた寛容の内実を無意識裡に深く体験し、その内実を再び見いだそうと、郷愁に満ちた期待と共に人間界へ戻ってきます。ですから私たちは、子どもたちのその郷愁を優しく満たしてやらなければなりません。そう、子どもたちの身体に満足感を与えるためにしてやらなければならないことのすべてを、穏やかな、畏敬の念に満ちた心遣いをもってしてやることによって。また、人間界（社会生活）における「愛の力へと高められた寛容」を子どもたちに感じさせる、内的態度を身につけるよう努めることによって。特に落着きのない‐興奮しやすい子どもたちは、天使の働きかけを補うよう働きかける私たちの内的態度に期待しています。なぜなら彼らは、眠りのなかに注ぎこまれている力、整えつつ‐調和をもたらしつつ働きかけている力を、正しく利用できずにいるからです。彼らはいわば、精神を集中して学んだにもかかわらず、学び取ったものを実践に移せずにいる人間に似ています。では、なぜそのようなことになるのでしょうか？そう、あまりにも強く興奮しているので、その興奮が内臓にまで達しているからです。落着きのない‐興奮しやすい子どもたちが守護天使の働きかけをうまく捉えることができず、ごくふつうの現実生活にも齟齬《そご》を来たすことになるのは、そのようなことによるのです。

天使は触覚を育もうと、輪郭づけつつ‐形成しつつ、夜の側から働きかけてくれています。子どもたちはそのような天使の働きかけのなかで、愛の力へと高められた輪郭づけの内実を深く無意識裡に体験し、そのような働きかけを私たちとのかかわりのなかに再び見いだそうと、郷愁に満ちた期待と共に人間界へ戻ってきます。私たちはいわば教育的な真の「熱中」をもって――何事にせよ喜びをもってやらなければあまり意味がありません――、包み護られているという感情を子どもたちの身・魂に与え、強めてやることによって、つまり保護者である私たちの確信に満ちた配慮を強く感じさせることによって、その郷愁を満たしてやることができるのです。不安げに‐ためらいがちにしている子どもたちは特に、自分は護られているのだという感情を必要としています。彼らは、自分の守護天使を後にするとき、他の子どもたちがそうである以上に、「自分は見捨てられたのではないか」という寄る辺ない感情に捕われるのです。ですから私たちは彼らのために、いわば守護天使の代役を務めてやらなければなりません。そしてそこでは、子どもたちに対する私たちの態度こそが問題になるのです。不安げに‐ためらいがちにしている子どもたちは、無言の内にこう感じさせてくれる人間を求めています。「私は君を決して見捨てたりはしない。そのようなことは考えたことすらない」と。このような人間は、落着きのない‐興奮しやすい子どもたちにも必要です。しかし、彼らがより強く求めているのは、ありのままの自分が心から尊重されているという確信です。なぜなら、落着きのない‐興奮しやすい子どもたちの潜在的なトラウマは、「自分は歓迎されていないのではないか」という感情であり、不安げに‐ためらいがちにしている子どもたちの潜在的なトラウマは、「自分は見捨てられているのではないか」という感情であるからです。

寂しげな‐沈みがちな子どもとはどうかかわればよいか

では、寂しげな‐沈みがちな子どもたちの潜在的トラウマはどのようなものでしょうか？ 実はこのことについては、私たちはすでに話し合っています。それは「仲間外れにされているのではないか」という感情です。彼らに見られる気おくれには、不安げに‐ためらいがちにしている子どもたちのものとは異なる特徴があります。それは、「じゃまにされているのではないか」という感情、したがってまた、「何が起こっているのか理解できない」という感情に因っています。もう一度言います。寂しげな‐沈みがちな子どもたちの潜在的トラウマは、ごく一般的に表現するなら、「仲間外れにされているのではないか」という感情なのです。ですから、私たちが行なっているあれこれにできるだけ意識的に誘いこんでやること、何が起こっているのかを年齢に応じた仕方で繰り返し説明してやること、彼らが体験している事柄の意味関連に忍耐強く注意を向けてやること、が重要になるのです。自らをよそ者と感じている陰鬱な気分から、彼らを救い出してやらなければなりません。述べましたように、このようなタイプの子どもたちの場合、問題なのはその思考力ではなく、その動きなのです。

皆さん、思い違いをしないようにしてください。寂しげな‐沈みがちな子どもたちが、その不器用な反応や状況判断の悪さのゆえに、あるいは理解の遅さのゆえに、万が一にも「バカ」扱いされるようなことがあってはなりません。彼らに不足しているのは、経過している動きや会話などの意味関連に対する、魂の体験能力です。彼らは、周囲に生じているさまざまなプロセスを、正しく内的に、共に動くことができずにいるのです。

ですから彼らには、たとえば、このようなことをさせてやるのもよいでしょう。それぞれに特徴のある段階を踏んでいく実際的でわかりやすい作業プロセスに誘いこみ、ある作業の前と後では何がどう変わったかを観察させてやるのです。次の回にはまた別の段階にある作業に、その次の回にはさらにまた別の段階にある作業にというふうにしていき、結果的には、その作業プロセス全体を体験させてやります。さて次は、子どもに「指揮官」の役を振り当てます。母親と父親は子どもの指示に従いながら当該の義務を果たし、指揮官である子どもは、自分はどの部分を引き受けるべきかを自ら決定します。では、寂しげな‐沈みがちな子どもと共に行なうこのような作業は、具体的にはどのようなものになるでしょうか？　たぶん、子どもと一緒にパンを焼いたり、料理をしたりすることになるでしょう。子どもの年齢によっては、羊毛を洗ったり、梳《す》いたり、染色したり、紡いだりすることになるでしょうし、さらには、編んだり、織ったりすることにもなるでしょう。皆さん、このような作業は、一緒に楽しく遊びながらやってください。おしゃべりしながら、小さな物語を一緒に創作していくのもよいでしょう。「さあ、君の番だよ、どんなふうにしていこうか？」と。あるいはまた、子どもの年齢に応じて「つづきのあるお話」を創っていくのも面白いでしょう。しかし皆さん、その際は、物語の展開がひっくり返ったりしないように気をつけてください。たとえば、月曜日には人民思いの心優しい王様だったのに、水曜日になったら急に恐ろしい暴君に変身してしまったり、赤貧に喘いでいた人々が、突然、豪華な汽船の客になって、アメリカ大陸に旅発つことになったりしないように。

次のようなこともお勧めすることができるでしょう。毎週、決った曜日、決った時刻に、決った道を子どもと一緒に散歩するのです。散歩の途中、いつも同じ所で立ち止まり、しばらくのあいだそこにとどまります。たとえばいつもの木、いつもの畑のかど、いつもの建築現場のそばに。そして、そこに見られるあれこれに子どもの関心を向けさせます。この前の散歩のときから変わっていないのは？　変わったのは？　前はなかったのに今はあるのは？　建築工事の進み具合は？　畑には何が植えられた？　あの枝この枝の花の蕾はもう開いた？　その色は？……　そんなふうに注意深く観察し、観察したあれこれについて話合いながらさらに一緒に歩いていけば、その雰囲気はいわば式次第にのっとった儀式的なものになるでしょう。この散歩はいつも決った曜日、決った時刻に行なう散歩ですから、決った人々に出会うことにもなるでしょう。たとえばそのうちの一人は、いつものように今まさに自転車ででかけようとしています。そう、そのような人に出会ったなら、その人を主人公にした物語を子どもと一緒に創り上げてみてもよいでしょう。

寂しげな - 沈みがちな子どもたちの場合には、特に、彼らの内にまどろんでいる好奇心やファンタジーに働きかけ、彼らを世界の出来事に参加させてやらなければなりません。ここでいう「世界の出来事」は、実生活から遊離していてはなりません。具体的、日常的、感覚的に体験し得る、生活そのものでなければなりません。私たちはそのような場からこそ、彼らの「内なる芸術家」に働きかけるべきなのです。もちろんこれは、いわば自明のことでしょう。ある合理的な規則のもとに経過する社会的プロセス、つまり、互いに調整し合い、役割を交換し合い、他者の行為に落着いて反応することが求められる社会的なプロセスに、まずは遊戯的な仕方で順応させていくこと、そう、それは彼らを、じかに癒してくれるでしょう。但しその際、注意しなければならないのは、寂しげな‐沈みがちな子どもたちは、まさにそのようなことが苦手だということです。ですから、彼らに無理を強いてはなりません。無理強いしたりすれば、それこそ期待に反する結果を招き寄せてしまうことにもなりかねません。私たちは彼らを、彼らの苦手意識を理解した上で、注意深く導いてやらなければなりません。次に、私たちが明らかにしてきた事柄に照らして明らかなのは、役割交代遊び、パントマイム遊び、皆と一緒にするダンス遊びなど、互いに模倣しあう遊び、共に動き、会話を交わす遊びは、彼らの苦痛を和らげてくれるということです。

率直な分かりやすい言葉、内容の詰まった身ぶり

寂しげな‐沈みがちな子どもたちには、言葉の遣い方や会話の仕方を教えてやらなければなりません。ですからここには、先に登場してもらったオイリュトミー療法士と同じような役割で、言葉に関する専門家、「言語造形療法士」に登場してもらいましょう。では、それぞれの家庭ではどうすればよいのでしょうか？ 私たちは会話の相手として、できるだけ多くの時間を彼らと共に過ごすよう努め、彼らにあれこれ思い悩ませないように、また、彼らを内に閉じこもらせてしまわないように、事柄の意味関連を分かりやすく説明してやらなければなりません。言うまでもないでしょうが、幼い子どもたちとの会話は抽象的なものであってはなりません。そうではなく、世界をいわば「図説き」するものでなければなりません。会話は抽象的なものであってはならないということ、これは小学生一般にも当てはまります。彼らとの会話は、さまざまな現象への関心を促すようなものでなければなりません。そう、人々はあれやこれやをどのように感じ、どのように反応しているか、人々の不安はどこに潜んでいるか……、を説明するものでなければなりません。皆さん、皆さんがどのように話すかということも、大切な要素の一つです。寂しげな‐沈みがちな子どもたちの前では、きれいな言葉で、分かりやすく話すよう心がけてください。とはいえ、分かりやすく話すよう心がけるあまりに、わざとらしい話し方になってしまうのはいただけません。それだけは本当によくありません。話し手

のコントロールされた意志の力は、率直さとして現れます。そうなるように、はっきり明瞭に話しかけるようにしてください。意識的かつ率直な話し方に接すること、それは彼らにとってとてもよいことなのです。また、詩を読んでやったり歌を歌ってやったりするのも、とてもよいでしょう。

話し言葉について言えることは、身ぶり手ぶりの「身体言語」にもそのまま当てはまります。お子さんをお持ちの方、特に今私たちが取り上げているようなお子さんをお持ちの方は、一度ご自分の所作に注意を向けてみるようお勧めします。たとえば、若かりし頃スポーツやダンスなどにいそしんだことのある方なら、それらをとおして培われたかもしれない何らかの「音楽的な流れ」や感じのよさが、ご自分の所作になおも保たれているかどうか、自然なスマートな動作、あるいは反対に、表面的な無意味な動作が見られるかどうか、と。皆さん、皆さんはご自分の好ましい所作をとおして、子どもたちの模倣衝動に働きかけ、元気づけることができるのです。そう、そのような好ましい所作は、皆さんが日常的なあれこれを力まず丁寧に行なうことによっても、また、急ぐことなく、ごくふつうの実際的・日常的な仕事にまるごと没頭することによっても、自ずと醸し出されるようになるでしょう。そのようなことをとおして、皆さんの所作の内に、感じのいい「音楽的な流れ」が入りこんでくるのです。そしてそれを子どもたちは、特に小さな子どもたちは、とても強く感じ取り、無意識の模倣の内に、信頼に足るものとして体験します。皆さん、私たちは忘れないようにしなければなりません。運動感覚を育む「環境」は、好ましい所作、内容の詰まった身ぶりなのです。

これはすでに述べたことですが、子どもたちが備えている善きものへの親近感——それは模倣というかたちをとって現れます——は、私たちが畏敬の念あるいは配慮ある積極的な基本姿勢のもとに、子どもたちの身体を世話してやることによって、つまり、子どもたちの生命感覚と触覚を直接的な身体接触をとおして育んでやることによって、引き出されていきます。しかしまたここでは、私たちの振舞そのものも大きな影響を及ぼします。そうです。子どもたちに対してどう振舞っているか、周囲の事物をどう扱っているか、私たちが互いにどうかかわっているかといったことが。子どもたちにじかに向き合っているか、それとも何か別のことをしながらか……、皆さんの振舞や内なる姿勢は、皆さんの身ぶりの言葉に現れます。そして、子どもたちは皆さんのその身ぶりの言葉を、自己運動感覚に仲介されながら、内的に「共に語る」のです。この「共に語る」内的な言葉の一つひとつがどのように生じるかについては、今はあまり深入りする必要はないでしょう。ただ次のことだけは知っておくべきでしょう。小さな子どもたちの場合、まずは、内的に「共に動く」ことができるかどうかという機能的な能力が問題になるのだということ、そして、内的に「共に動く」その動きは一般的な生活感情にも影響を及ぼすものであるのだということ、そしてさらに、運動感覚はその動きの内に差しこまれているがゆえに、魂のいとなみ、魂の発達にもかかわっているのだということを。要するに皆さん、私たちは身ぶりの言葉に気を配るべきなのです。繰り返しましょう。身ぶりの言葉は、鏡の前で練習しても決して身につけることはできません。私たちの姿勢、私たちの態度を内省することによってこそ、身につけることができるものなのです。皆さんの愛情のこもった行為、それは皆さんがごく自然にする行為です。だからこそ皆さんは、「運動感覚を鍛えたがっている」子どもたちの期待に、裏切ることなく応えてやることができるのです。

教育と自己教育 — 思いやりの心

私たちはここでも、天使の働きかけに助けてもらうことができます。運動感覚にかかわっている天使は、解きほぐしつつ - 調整しつつ働きかけてくれている立会人と呼ぶことができるでしょう。私たち人間の四肢・筋肉系は、夜のあいだに、いわば新たに調整されていきます。筋肉は規則正しく静かに流れる体液に浸されることによって、その凝《こ》りを解きほぐしていきます。眠りのなかにいる私たちは、身体的には重力の場にまるごとはめこまれていながら、同時にその場から逃れ出てもいるので、敢えてその力に抵抗する必要はありません。そう、夜になると、私たちの存在を構成している高次の組織 ——人智学の用語では「自我とアストラル体」—— は身体から解き放たれ、超 - 感覚的諸力の内に浸されます。そして、その自我とアストラル体の内に浸透した諸力は、私たちが身体的に活動しているあいだ中ずっと、筋肉を調和的に動かすという、かの驚異的な仕事を可能にさせているのです。そうです。覚醒した意識から遠く離れて、手や足の動作の一々を密かに実現させているのです。天使は、限りなく繊細な熟練マッサージ師のように緊張を解きほぐしつつ働きかけ、同時に、消耗した「内なる芸術家」を自らの庇護のもとに受け入れて、霊感を与え、再生させています。さて朝になると、この内なる芸術家は目を覚まし、自分の身体が生き生きとしなやかに蘇っているのを、すぐさま仕事に取りかかれるほどに元気になっているのを感じます。

今述べた事柄は単なる比喩ではありません。皆さん、そのようには決して受け取らないでください。もちろん今私たちは、イメージに語らせるしかない次元に踏みこんでいます。この次元、この領域で生じている出来事は、私たちが用いている日常的な言葉では表せません。しかしそれにもかかわらず、私たちはそれを用いるしかありません。現在使われている科学的言語でも、もちろん表すことはできません。私たちは今、ここに生じている出来事の輪郭を、言葉を用いながらもイメージで示そうとしています。さて……、生まれて間もない幼子たちは、立つ能力、歩く能力、話す能力を、いったいどのようにして身につけていくのでしょうか？ もちろん、模倣をとおしてです。しかし私にしても、ベートーヴェンのソナタを理解するのはたやすいことではありません。ですからピアノの前で、「さあ、このソナタを楽譜なしで弾けるようにするぞ！」などとは間違っても言えません。暗譜で弾けるようになるには、それ以前にピアノの弾き方を教わっていなければなりません。最初からソナタに取り組むなど、どだい無理な話です。ところが、子どもたちにはそれができるのです。子どもたちは模倣に関するかぎり、すでに生まれる前から「ピアノの弾き方」を学んでいたかのような能力を示します。そうではありませんか？ 子どもたちに模倣の仕方を教えてやる必要はありません。なぜなら、彼らはすでにそれができるのですから。彼らは私たちのところにやって来るや否や、促されもしないのに最も難しい「楽曲」を練習し始めます。その楽曲への意欲を高めてやったり、どのようにしたらよいかを示してやったりする必要はまったくありません。実際、彼らに教えてやることは何もありません。生後十～十一ヶ月の子どもたちは、大人たちのようにまっすぐに立ち、かつ歩きまわれるようになるには何をすればよいのかを、すでに正確に知っているのです。私たちがしてやらなければならないのは、たった一つ、彼らが見ている前でまっすぐに立ち、歩きまわることだけです。ではこの私も、絶えず弾いて聴かせてもらっていれば、一年後にはベートーヴェンのピアノソナタが弾けるようになるでしょうか？ いいえ、弾けるようにはなりません。ピアノの弾き方を知らずにいれば、いくら弾いて聴かせてもらっても、何の役にも立ちません。では、私たちが動きまわるのを見るだけで、子どもたちはなぜ歩き方を学ぶことができるのでしょうか？ 彼らは模倣することができるからです。そして、子どもたちが先天的に身につけているこの高度な能力は、彼らの天使たちが与えてくれたものなのです。

　子どもたちの内には高次の叡智が働きかけているのだということ、このことを理解するためには、私たちは先入観を持たずにまっすぐ考えなければなりません。その叡智はさまざまな仕方で働きかけています。そして、生来の、しかしまだ成熟していない運動能力に関するかぎり、私たちは、すでにイメージの言葉で述べたことですが、それを簡潔に表現するなら、こう言うことができるでしょう。「子どもたちが携えてくる生得の模倣能力の内に自らを現しているその叡智は、私たちの存在を構成している組織の内に、いつも眠りのなかで解きほぐしつつ－調整しつつ働きかけている」と。そうなのです。子どもたちの運動感覚は、その働きかけによってこそ次第に育まれていき、基礎的な機能を身につけていくのです。解きほぐしつつ‐調整しつつ働きかけている天使たちのその働きかけのなかで、子どもたちは、愛の力へと高められた天使たちの思いやりの内実を、無意識の内に深く体験しています。そして、そのような思いやりの心を再び見いだすべく、郷愁に満ちた期待を携えて、世界へ、人間へと向かうのです。

私たちは、模倣したがっている子どもの魂が持つ、合理的な「美しい」動作への親近感を、かの内なる姿勢をもって肯定的に捉えて、彼らの期待にしっかり応えてやらなければなりません。私たちは彼らを「ほったらかし」にはしていないこと、出来事の推移のなかにいつも導き入れてやろうとしていることを、しっかり確信させてやらなければなりません。「愛の力へと高められた理解」、他者を思いやる心が、社会生活においてはどのようなことを意味するのかを示してやるなら、子どもたちはそこから、生活することの喜びを汲み取っていくでしょう。そして、そのことをとおして私たちは、「自分自身の自由な魂を感知する能力」を強めてやることができるのであり、後に彼らが、他者を思いやる心を当然のものと感じられるようになるための、いわば萌芽を与えてやることができるのです。このような方向で考えるなら、慈悲深さについての説教は何の意味も持ち得ません。そこに稔りをもたらすのは、運動感覚を育もうとする教育行為の他にはありません。特に、寂しげな‐沈みがちな子どもたちが必要としているのは、運動感覚を育もうと働きかける私たちの手助けです。彼らが求めているのは何よりも、「自分は理解されているのだ」という思いです。というのも、彼らの潜在的なトラウマは、「世界に生じている出来事から自分は排除されているのではないか」という思いなのですから。

彼らは、たとえて言うなら、充分に準備した上でオーケストラ・リハーサルに加わったのに、周囲に響く「雑多な」音色に混乱してしまって、全然うまく弾けずにいる演奏家に似ています。彼は、間違って弾くよりはむしろ弾かずにいた方がよいとばかりに、まるで麻痺したように座っています。運動感覚がよく育まれていない子どもたちが置かれている状況は、おおよそこんなふうにイメージすることができるでしょう。そのような状況下にある子どもたちは、彼らの周囲に生じている事柄を、自分の内に、いわば調整しつつ収めることができずにいます。自分の気分（緊張していない内的状態と、自分を取り巻く状況（良かれ悪しかれ内的状態に緊張をもたらすもの）とを内的に正しく関連させる内なる適応能力が、彼らにはまだ充分に備わっていないのです。ですから、彼らはいつも、自らを「歯車装置のなかの砂粒」のように感じており、そう感じているがゆえに、そのような状況に巻きこまれずにすむ可能性を求めます。彼らにしばしば見られる強迫的観念は、儀式化された行動として現れます。彼らは、自分に欠けているものを埋め合わせるために、自分だけの秩序システムをつくり出すのです。儀式的な習慣のなかでは、事柄はひと目で見通し得るものとなり、互いに関連づけ得るものとなるからです。

以上が、寂しげな - 沈みがちな子どもたちについて述べたかった事柄です。彼らの場合には特に、解きほぐしつつ - 調整しつつ作用している天使の働きかけが、彼らの心と世界とのかかわりのなかにまだ充分に浸透していません。眠りのなかで彼らに与えられるもの、それは、押し寄せてくる感覚世界に対してはまだ抵抗することができずにいるのです。そして、そのようにも非力であるがゆえに、外界への扉を閉ざさざるを得ない彼らは、確かさと慰めを与えてくれる自らの内なる世界を保とうとするからこそ、内に閉じこもろうとするのです。

平衡感覚

平衡感覚と運動感覚は密接にかかわっています。それは明らかなことです。動いているときはもちろん、ただ立っているときにも、私たちは絶えずバランスをとっていなければなりません。筋肉の動きを微妙にコントロールするときにも平衡感覚が加わってきますし、感情の領域でも、平衡が保たれているかどうかを感じ取る繊細な知覚能力がなければ、たとえば狂った音程を元に戻そうとする衝動も生まれようがありません。とはいえ平衡感覚には、運動感覚とは異なる特徴があります。ルドルフ・シュタイナーはこの特性について次のように語っています。「魂の内へ放射される平衡感覚の体験を、私たちはどう感じ取っているのでしょうか？　それはすでに完全に、魂の体験です。私たちはその体験を内なる静けさとして感じ取ります。この内なる静けさは、たとえば私があちらからこちらへと向かうときにも、私の身体の内実をあちらに置き去りにさせず、一緒に連れて来させます。あちらでもこちらでも、その内実はそのまま同じ内実です。私が空を飛ぶことができたとしても、私は飛ぶ前の私のままです。まさにこれが、私たちを時間に左右されずに現象させているものなのです。私は今日も私を置き去りにはしません。私は明日になっても、今日の私のままです。時間に左右されないこの在り方が可能になるのは、魂の内へと放射している平衡感覚の働きがあるからです。これが『自らを霊として感じる』ということなのです」このような視点は、皆さんにとってあまり馴染みのないものかもしれません。というのも、平衡感覚に関する説明は次のように始められるのがふつうだからです。

「大まかに言うなら、私たちは平衡感覚を備えているせいで倒れずにいることができるのだ」と。確かにこれも正しい説明です。ルドルフ・シュタイナーもまた、しばしば、最初に目につく極めて分かりやすい特徴を指摘しています。そうです。彼は簡潔に次のようにも語っています。「私たちは平衡感覚によって、立っているのか横になっているのかを識別しており、立っているときには、どのように平衡を保っているかを知覚しています」と。しかし、より詳しく考察するときには、私たちは当然こう問わなければならないでしょう。「立っていながら平衡を保てるというのは、実に驚くべきことなのではないだろうか？」と。立っていながら平衡を保てるということ、それは、一般的には極めてふつうのことと見なされていますし、そのとおり、極めてふつうのことなのですが、しかし本当のところは、それは奇跡とさえ言い得ることなのです。

私たちの足はさほど大きなものではありません。いや、身体全体に対する割合からすれば極めて小さいと言うべきでしょう。皆さん、考えてもみてください。極めて小さなその足に私たちの全体重がかかっているのです。これは実際、驚くべきことではないでしょうか？ 私たちは鉛の兵隊のようにただまっすぐ立っているだけではなく、ときには踊りもするし、片足跳びさえしているのですから。ちなみに私の体重は九十二キロですが、それでも私は自分の身体を全然重いとは感じていません。皆さん、信じてください。これは本当のことなのですから。命にかかわるような脱臼でもしないかぎりは、倒れることもないでしょう。それどころか片足跳びも上手ですし、フェンスの上を上手に歩くことさえできるのですから。嘘だとお思いになるなら、子どもたちに訊いてみてください。この体重でさえそのようなことがたやすくできるというのは、実に驚くべきことではないでしょうか？ 皆さん、皆さんが何らかの理由で平衡感覚に失調を来たすようなことがあれば、その時には皆さんも、このような「奇跡」に気づかれることになるでしょう。たとえばメリーゴーラウンドから降り立った直後や、ワイングラスを深く覗きこんだ後などに。そうなったら皆さんはすぐさま、ご自分の動作を慎重にコントロールしなければならなくなるでしょう。その際、目をつむるのはよくありません。なぜかと言えば、平衡感覚がいらだっているときには、その失われた機能を埋め合わせる役割を、視覚が担うことになるからです。いわば自分の視線で何らかの対象物にしがみつくことによって、自分を周囲の空間秩序のなかにはめこみ、自らを内的に立て直さなければならなくなるのです。顔を上に向けて星空をずっと眺めつづけていたり、身体を急に回転させたりすれば、やはり同じようなことになるでしょう。では、そのようなことになるのはなぜなのでしょうか？ そう、空間の測定・確認が、内的にできなくなってしまうからです。

私たちは、外界へ向けられている空間知覚とは異なる、内なる空間感情を備えています。この空間感情は、目を閉じ耳を塞げば誰もが感じ取ることのできる、内なるシンメトリー感情です。外的知覚に左右されない、内面化された空間感情と呼んでもよいでしょう。つまり私たちは、上下、前後、左右という空間方位を内的に感じ取っているのです。私たちは、この内的空間のなかにまっすぐに立つ自分の姿、空間の中心に立ち上がる自分の姿を感じ取ります。何にも支えられずに立ち、内なる空間感情に集中すれば、私たちはいつでもこの「中心体験」を得ることができます。空間はいわばドームのようにあらゆる方位に拡がっていますが、その中心にまっすぐ立ち上がるのは私たちの自我なのです。まっすぐ立っていなくても、自分の身体が平衡を保っている状態にあれば、この基本的なシンメトリー感情は潜在的につねに存在しています。ルドルフ・シュタイナーは、時間や外的空間に「左右されずに私たちを現象させている内なる静けさ」について語っていますが、それはこのようなことを意味しているのです。

私たちの、存在を構成している一組織としての身体は、重力の影響下にあります。下方へ、地球の中心点に向けて引っ張っている力、いわゆる向心力に晒されています。しかし、もしも私たちがこの力の場に完全にはめこまれていたとしたなら、私たちは立ち上がることも歩くこともできなかったでしょうし、できたとしても、せいぜい地面を這うことぐらいだったでしょう。いや、重力の法則からわずかにでも解放されていなかったなら、私たちは地面を這うことさえできなかったでしょう。重力の法則に抗するものが何もなかったなら、「自ら動く身体」は決して出現しなかったことでしょう。

土のなかをうごめいているミミズでさえ単に身体だけの存在ではないことを考えれば、霊・魂を有する存在である人間は、その成長過程全体をとおして、重力の法則からどれほど解放されているかが分かろうというものです。人間の身体が魂とも自我とも無縁なものだったとしたら、人間は身体だけの存在として重力の法則に完全に支配され、動くことも立ち上がることもまったくできずにいたことでしょう。立っているときにも歩いているときにも、さらには踊ったりフェンスの上でバランスをとったりしているときでさえも、私たちは自分の身体を重いとは感じていませんし、その動きにぎこちなさを感じてもいません。私たちはこの事実の内に、重力の法則から解放されている人間の在り方を体験しています。しかし、かの内なるシンメトリー感情、内面化された空間感情、かの「魂空間の内にまっすぐに立っている」という感情、つまり、ルドルフ・シュタイナーが語った「自らを霊として感じる」感情が私たちの内に息づいていなかったなら、私たちは立つことも歩くことも、踊ることもバランスをとることも、まったくできなかったことでしょう。花は太陽の光に誘われ、高みへと向かいます。太陽の光に向かってまっすぐに立ち上がり、上方へと開きます。この光、人間をまっすぐに立ち上がらせ、上方へと向かって開かせてくれる光を、人間は自らの内に内包しています。私たちが平衡感覚をとおして知覚しているのは、この光なのです。この内なる光、まっすぐに立ち上がらせてくれる光によって、私たちは「上方へ」、天使の領域へと開かれているのです。

解放された腕と手の働き

運動感覚をとおして私たちは、魂空間のなかに生じる動きを知覚しています（ダイナミック＝動的状態）。平衡感覚をとおして私たちは、身体の内なる空間あるいは魂空間の体験それ自体を、つまり空間の中心への立ち上がりの体験、シンメトリー体験を知覚しています（スタティック＝静的状態）。この二つの感覚は共に働いて、身体にかかわると同時に周囲の環境ともかかわっている、霊・魂の状態を私たちに伝えてくれています。私たちは、身体的には地上的な環境とそこに作用している諸法則の内にはめこまれていますが、霊・魂の存在としては、地上的な諸法則にはめこまれているその在り方も、そのような諸法則にはめこまれていない在り方、つまり諸法則の作用から一部逃れ出ている在り方も、基礎感覚をとおして同時に知覚しているのです。

運動感覚をとおして私たちは、かなりはっきりと、地上的な諸法則にはめこまれていないこの在り方を「自分自身の自由な魂」として知覚しています。しかしそれは周囲の環境や状況に極めて強く結びついている動的状態(ダイナミック)の知覚です。魂空間内の自由な動きは、すでに述べましたが、「世界の内に生じた（動いた）出来事、生じている（動いている）出来事」との生き生きとしたかかわりのなかに生まれます。つまり、私たちは運動感覚をとおしては、あくまでも時間と結びついた体験を重ねています。たとえその体験の核心《エッセンス》が、時間や状況に左右されない「世界との自由なかかわり」として、いわば次第に蓄えられ、魂の確かな所有物となっていくのだとしても。

平衡感覚に見られる事情は異なります。平衡感覚をとおして私たちは、「地上的な身体性にはめこまれていない在り方」を、運動感覚が知覚している以上にはっきりと知覚しています。そうです。私たちはそのような在り方を、立ち上がらせる力、重さを感じさせない力として——「私が空を飛ぶことができたとしても、私は飛ぶ前の私のままです」というルドルフ・シュタイナーの言葉には、こうした意味がこめられています——、また、魂空間の内に時間とかかわりなく立っている在り方として体験しています。「それはすでに完全に、魂の体験です。私たちはそれを、内なる静けさとして感じ取ります」〔シュタイナー〕。私たちが自由に動けるのは、身体の内に息づく魂の働きがあるからであり、私たちがまっすぐに立つことができるのは、身体の内に息づく霊の働き、上方へ、天使へと開かれている、私たちの自我の働きがあるからです。

さらに詳しく考察するなら、私たちが自分の動作を「自らの自由な動作」として感じることができるのは、私たちの魂が生命プロセスと共に作用しているからですし、「自らを霊として感じ」られるようになるのは、私たちの自我が身体の内に作用しているからです。以上のような事柄は、子どもたちにとって何が重要であるのかを理解しようとしている私たちには、もちろん、欠くことのできない要件です。しかし、必要以上に深入りすることもないでしょう。さて、以上のような事柄についてルドルフ・シュタイナーは、『シュタイナー教育の実践』[11]の第二講演のなかで、次のように語っています。少々長くなりますが引用しましょう。「歩くということ、このことを私たちはあまりにも平易に解釈しすぎています。這っていた子どもが立ち上がり、さらに、後の生活へと向けて歩き方を身につけていくという事実の内には、極めて多くの事柄が内包されています。…歩き方を学んでいるとき、私たちは本来何をしているのかと言えば、世界と自分とのあいだに、人間としての自分にふさわしい平衡状態をつくり出そうとしているのです。歩き方を学んでいるとき私たちは、腕や手の動きと足の動きとのあいだにある関係を見いだそうとしています。これは、人間の場合にのみ現れる関係です。足が身体的動作に仕える役割にとどまりつづけるのに対して、腕と手は魂のいとなみに加わっていきます。そしてそれは、後の生活全体にとって極めて大きな意味を担うことになるのです。というのも、脚や足の動きへの、あるいは腕や手の動きへの特殊化は、魂のいとなみに平衡をもたらすためになくてはならないものなのです。私たちはまず、まっすぐに立つことの内に身体のバランスを見いだしますが、腕や手の自由な動きの内には、魂のバランスを見いだします。私たちは実際、こう言うべきなのです。『世界にかかわっている内なる人間の静的状態、動的状態を学ぶこと、それこそが歩き方を学ぶということなのだ』と」そしてそれにつづけて、彼はこう語っています。「歩き方が学ばれるところ、動的状態、静的状態が習得されるところ、そこでこそ人間は、霊を、周囲の世界から迎え入れるのです」

繰り返しましょう。私たち人間の「上部組織」と「下部組織」とのかかわり合いが一定の仕方で秩序づけられていれば、私たちの平衡感覚は好ましい状態にあるわけですが、その場合のその秩序は、次のようなものでなければなりません。一方では、魂空間のなかに自由な動きを与えてくれるものであること、他方では、時間から開放されているあり方を体験させる、内的空間感情、内的シンメトリー感情を与えてくれるものであることです。人間を立ち上がらせる光の力は、「静的」な力として身体（脚と足）を捕えており、腕と手の「動き」（能力）を自由に解放しています。だからこそ人間は、その腕と手の自由な動きをもって、宇宙的な運動諸法則のなかに入りこんでいくことができるのです。この二つの事情は合わせて、中心への「立ち上がり」（静的状態）と「空間の克服」（動的状態）として体験されます。静的状態の体験は下肢に由来しています。動的状態の体験は、胸部に植えつけられることになった上肢に由来しています。地上的なものに根ざしている下部組織から上肢が持ち上げられてこそ、先に運動感覚と関連させて説明した「自分自身の自由な魂を感知する能力」が発揮されるようになるのです。バランスをとることに強く結びついている腕と手の、自由な、自足的な動きには、私たちが備えている能力が表れています。そうです。腕と手の、自由な、自足的な動きには、人間は運動感覚を介して動きのなかにある自分自身を知覚しているのだということが、また、人間は適応する能力、調整する能力をもって世界に対峙しているのだ（「世界との自由なかかわり」）ということが、表れているのです。

平衡感覚と判断力

平衡感覚と運動感覚は互いにどれほど密接にかかわっているか、もう一度見てみましょう。人間の上部組織は下部組織に支えられていると同時に、そこから持ち上げられています。つまり、上部組織は下部組織に受け入れられてはいても、自らを失ってしまうことはありません。そのようなことには決してならず、下部組織を立ち上がらせ、下部組織を超えて屹立します。私たちが「魂のバランス」を保っていられるのは、このような事情に因っています。「私たちはまず、まっすぐに立つことの内に身体のバランスを見いだしますが、腕や手の自由な動きの内には、魂のバランスを見いだすのです」そしてその際、私たちが「周囲の世界から迎え入れる」霊は、天使の働きかけがあるからこそ、迎え入れることができるのです。私たちは天使を、「宇宙の均衡《バランス》と運動の諸可能性」〔シュタイナー〕を私たちの内に送信している無線送信機にたとえることができるでしょう。これもまた、夜のあいだに生じます。私たちの存在を構成している高次の組織（自我とアストラル体）が、身体の拘束から解き放たれ、毎朝起き上がり歩き出せるようになるために必要な諸力を、いわば「充電」している夜のあいだに。

事柄の関連を分かりやすく説明するために、私は今「充電」という専門用語を用いました。しかしもちろん、人間における静的なバランスは、たとえば建築物におけるそれと同じではありませんし、自我もアストラル体も、バッテリーが充電されるのと同じように、高次の諸力で「充電」されるわけではありません。そう、ここで問題になっているのは次のような要件です。人間は、特に小さな子どもは、解きほぐす働きと調整する働きとの正しい交代のなかで自由な動作を身につけていくにはどうしたらよいのかを、あるいは、立ち上がるプロセスのなかで重さと軽さ、大地との密接なかかわりと上肢の解放が釣り合うには、静的状態と動的状態は互いにどのように調和していなければならないのかを、伝授されていいるのです——大人になってしまえば、あまり伝授してもらう必要もないのですが——。天使は夜のあいだに、運動感覚‐平衡感覚‐複合体に関して、このような授業をしてくれているのです。

思考する意識（昼の意識）の関与し得ない意識状態（夜の意識）のなかで学ぶものは、運動感覚‐平衡感覚‐複合体の仲介によって変換されますが、私たちはそのことをとおして自分自身を知覚しています。思考する昼の意識状態にある私たちは、立ち上がる能力はもちろんのこと、宇宙をつかさどりつつ空間的・対象的な世界を組織している霊に対する感受性を、夜毎行なわれる「平衡感覚授業」によって与えられています。普遍的かつ神的な原理は、「思弁的」な推測からではなく、物理学、数学、天文学などの分野で述べられている事柄から、つまり思考を伴う全体的な見通しから法則として導き出されます。もしも平衡感覚が備わっていなかったなら、私たちはこの普遍的な原理を決して理解できなかったでしょう。もしも平衡感覚が備わっていなかったなら、私たちは空間的・対象的な世界を秩序ある構造として体験することはできず、互いにかかわりなく変転する事象や状態の支離滅裂な寄せ集めとして体験することになっていたでしょう。要するに、もしも平衡感覚が備わっていなかったなら、私たちは明晰な思考を展開することはできなかったでしょう。

「立っているときのバランス、あるいは浮かんでいるとき、踊っているときのバランスを私たちに伝えてくれる感覚がなかったなら、私たちは私たちの意識をしっかり立ち上げることは決してできなかったでしょう」〔シュタイナー〕。くだいて言うなら、めまいがしたとき皆さんは、きっと体験なさっているように、全体的な視野を失ってしまうはずだということです。平衡感覚がなかったなら、客観的な科学も成立しなかったでしょう。平衡感覚がなかったなら、「腕と手の自由な動き」に現れるもの、つまり判断力も生じなかったことでしょう。判断力はそもそも、軽さと重さ、垂直と水平の対極性の内にこそ、育まれていくものなのです。皆さん、皆さんはきっと優れた平衡感覚をお持ちでしょうから、上と下、垂直と水平、それに「こことそこ」——もちろんこの場合には、相違を明らかにする触覚の働きも大きな役割を演じてはいますが——などに関して、何の疑いもお持ちになっていないでしょう。トーマス・ゲーベルは『芸術の諸源泉』[12] のなかで、「霊の絶対性は、霊に仕えている感覚の諸現象の内にもまた見いだされる。平衡感覚の諸知覚は、検討の余地なく、つねに明らかである。混合現象は生じない」と述べています。

魂の平衡《バランス》と公正感覚

腕と手は、いわば測りつつ考えています。私たちの腕と手の内には、それらが特定の活動に繋ぎとめられていないときには、測りつつ考える内なる判断力が息づいています。決断するのに不安を覚えるときや、ある事柄に関してどちらとも言えない複雑な感情を表そうとするときには、皆さんも思わず腕と手を用いて、思案するしぐさをしていることに気づかれるでしょう。それはあくまでも自ずと現れるしぐさですが、そのしぐさにはバランス感覚の本質的な局面が現れています。それというのも、たとえば何らかの矛盾が生じたとき、その矛盾を棚上げにせずに何とか解消するように促されるのはなぜなのでしょうか？　両立しそうにないもの、ばらばらにちらばっているものを、一つにまとめるように促されるのはなぜなのでしょうか？　そうです。そのような促しが生じるのは、私たちがつねにバランスをとろうと努めている存在であるからです。解消できそうにもない矛盾や極端な偏りを前にしたとき、私たちはバランスの崩れを感じ取ります。そして、私たちは私たちの感情と思考の内に、シンメトリーを回復させようと努めるのです。

要するに私たちは、状況全体を見通せるようになるために、そしてそれを、宇宙のバランスと運動諸法則に調和した状況として再び感じられるようになるために、本能的に、内的に、自らを「立ち上がらせ」ようと試みているのです。私は今「宇宙のバランスと運動諸法則」という言葉を用いましたが、この言葉を少々厳かに表現させていただくなら、「神的世界秩序」と言い換えることができるでしょう。そうです。私たちは平衡感覚によってこそ、神的世界秩序に対する内なる感情を持つことができるのです。しかし、それはその通りではないでしょうか？ このことは、空間‐時間‐連続体の内の秩序や、空間‐時間‐連続体の内で展開される思考にかかわっているだけでなく、傑出した知性の持ち主たちが形而上学や倫理学の分野で究明しようと尽力してきた事柄にもかかわっているのです。

私は今、道徳的な世界秩序について、あるいは、道徳的な世界秩序に関する自由な人間の役割について、哲学するつもりはありません。そのようなことは他の誰かがしてくれるでしょう。私は、ただ現象を示すだけにしようと思います。「私たちは、ある事柄が、私たちが生きている時代に即して、正当であるか不当であるかについても、それを感知する能力を備えている」と。私たちはこの感知力を「公正感覚」（公正さを求める感覚）と名づけることができるでしょう。この公正感覚は、運動感覚が仲介する倫理観と密接にかかわっている平衡感覚が、いわば昇華したものです。それ以外ではあり得ません。公正感覚は、他者を思いやる心、感情移入能力と強く結びついています。とはいえ、両者は同じものではありません。というのも、公正さを求める心は、道徳的な相におけるシンメトリー感覚であるからです。公正さを求める心の秤は、罪を量って諌めるためにではなく、人間の尊厳が軽視されるようなことがあったときに、その尊厳にふさわしい重さを与えるためにこそあるのです。

そして、そのためには感情移入が欠かせません。このことは、硬直した論理的原理とは何の関係もありません。私はここで言いたいのですが、キリストが地上に下り立って以来というもの、感情移入を伴わない公正さはもはや信ずるに値する原理ではなくなっています。しかし、私たちには感情移入以上のものが必要です。感情移入を伴う理解力、「人間にふさわしい道徳的平衡状態」へと向けられた理解力が必要なのです。

子どもたちの平衡感覚と運動感覚を育み、彼らの魂にバランスを与えていこうとするなら、また、彼らの腕と手、胸部空間全体が、地上の重さを克服していけるよう助けてやるなら、私たちは彼らの天使たちと共に、彼らが人間の尊厳を重んじる感情、公正感覚を育んでいけるようにと働いていることになるのです。他者を思いやる心と公正感覚は、寛容と心遣いが「生命感覚 - 触覚 - 複合体」にかかわっているように、「運動感覚 - 平衡感覚 - 複合体」にかかわっている、道徳的かつ社会的な能力なのです。

皆さん、これらのすべてを見渡せば、きっと気づかれることでしょう。これらは、かのキリスト的理念、隣人愛にかかわる四つの局面であることに。さて、この辺で反論が挙がるかもしれません。たとえば、「公正感覚の深い内実を、昇華したものであるとはいえ、内的空間にかかわるものでしかないシンメトリー感情として無造作におとしめてしまうのは、まさしく物質主義的な考え方ではないのか？」と。しかし、そのような考えをお持ちの方は思い起こしてください。私たちはすでに冒頭において、誤解を避けるためのある見方について合意していることに。道徳的な内実は、時間的な経過においては最後に現れますが、最後に現れるのは、根本的な（最初にあった）、内なる動因《モティーフ》なのです。

問題はまさにこのことにかかっています。光を浴びせつつ - 統合しつつ働きかけている天使のその働きかけは、平衡感覚へ、道徳的な内実へと向けられています。子どもたちの平衡感覚を育むことは、公正感覚を満足させてくれるすべてのものに対する子どもたちの親近感——述べましたように、それは模倣を通じて培われます——を育むことと同じなのです。

光を浴びせつつ - 統合しつつ働きかけている天使のその働きかけを、子どもたちは愛の力へと高められた判断力の確かさとして、つまり高次の公正さからの働きかけとして、無意識裡に深く体験しています。そして彼らは、私たちの日常的なかかわり合いのなかに、このような内実の幾ばくかを再び見いだそうと、郷愁に満ちた期待を携え、私たちのもとへと帰ってきます。誠実かつ社会的な取り組みとしての公正さの理念が私たちの内に息づいていれば、私たちはその理念をもって、彼らの平衡感覚を方向づけつつ育んでいくことができるのです。そしてまさに、寛容を身につけるためにはまず忍耐強くあらねばならないように、また、配慮ある態度を身につけるためには積極的な関心を向けなければならないように、あるいはまた、思いやりの心を持てるようになるためには感情移入の能力が求められるように、私たちが公正感覚を身につけるためには、生命感覚の仲介による内なる静けさを土台とした内なるバランス、バランスのとれた判断力が求められます。生命感覚が仲介する身体の内なる静けさは、他の何ものともかかわりなく育成することのできる、いわば自らの内に自足している静けさです。そしてそれは、事物や人間に触れることによってこそ、あるいは他者と共に動くことによってこそ、その社会的な内実を開花させていくのです。

平衡感覚に由来する静的状態は、元来、心を開いて他者とかかわるために欠くことのできない状態です。大人の場合には自足状態に到っている内なる空間感情とシンメトリー感情は、ルドルフ・シュタイナーが強調したように、人間が「自らを重力の場のなかに運び、自らのバランスを空間に委ねる」ことによって生まれます。ショイルレも述べています。「自分の身体バランスと周辺世界との対応関係にズレがなければ、感覚のいとなみの内に、世界と自分との分かちがたい合致が明らかになる」と。このように、内なるバランス、「魂のバランス」も、世界や他者とのかかわり合いが釣り合っていればこそ保たれることになるのです。魂のバランスは私たちの振舞に表れます。慎重さとして、判断や決断の確かさとして、目的に向かう静かでひたむきな努力として、きちょうめんさとして（内なるバランス感覚の欠如を示している神経質かつ強迫的な「きちょうめん」ではありません）、状況把握能力として……。

皆さんが内なるバランスを保っているとき、皆さんから醸し出される雰囲気は、子どもたちの内に大きな信頼感を呼び起こします。彼らに確信を与え、彼らのバランスを安定させます。それは単に魂のバランスにだけではなく、身体的なバランスにも作用する力を持っています。内なるバランスをよい状態に保つということ、それがとても難しいことであるのは、この私もよく知っています。私は模範的な生き方をしている「権威」として皆さんに説教しているのではありません。皆さん、このことだけは疑わないでください。しかし健康な、建設的な自己批判能力を持つためには、何はともあれ、何が問題になっているのかを知っていなければなりません。子どもたちの平衡感覚を育もうとしている私たちは、まさに自分自身の魂のバランスに思いを致さなければなりません。そして、こう問わなければなりません。「公正・不公正を判断しなければならないとき、私は信頼に応え得る判断をしているだろうか？」と。このような観点からすれば、公正さについての説教は、決して教育的には作用しません。教育的に作用するのは、私たちの誰もが備えているはずのもの、道徳的問題にまっすぐに対応しようとする姿勢、公正・不公正に対する自らの感受性に正直であろうとする姿勢です。

さて、そのような姿勢を保とうと努めてはいても、実際にはうまくいかないのが常というものです。そう、自分の感受性や良心の声に従わずにすませてしまうことも、まま、あります。もちろん、そのようなとき私たちはまさに、自分のそのような振舞に悩まされることになるのですが……。しかし、親としての役割を果たすためとはいっても、私たちはなにも「超人」になる必要はありません。そんな必要はまるでありません。超人が示す手本など嘘の手本でしかありません。それは子どもたちを怖《お》じけさせることにしかなりませんし、そもそも、子どもたちが抱いていた信頼感を傷つけてもしまいます。なぜなら子どもたちは、何が本当で何が嘘なのかを実に敏感に感じ取っているからです。しかし、教育の場では多くが教育者の自己教育にかかっているということ、私たちはこのことを避けて通るわけはいきません。すでに述べましたが、私たち大人はいつも努力の結果にばかり固執しているのにひきかえ、子どもたちは、私たちの誠実な努力それ自体を敏感に感じ取っています。ショイルレも述べています。「バランスのイメージ、天秤は、公正さを表す古代からの象徴《シンボル》である」と。

このような事柄の内実に内的に向き合いつつ、子どもたちを正当に評価し、周囲の人々とのかかわりのなかで偏見のない公正な姿勢を保つよう心がけていくなら、まさにそのことが、子どもたちの平衡感覚を育むことになるのですし、ひいては、子どもたちの将来のために道徳の授業を施すことにもなるのです。小さな子どもたちに公正さに対する感受性をと、今、ここで、期待することはできません。それは天使からのメッセージとして、まだ潜在意識の深層にとどまっているのですから。公正さを求める感受性、それは今、夜の側から、平衡感覚へと向けて送りこまれているのです。しかし皆さんは、愛の力へと高められた皆さんの判断の確かさ、皆さんの公正感覚へと向けられている子どもたちの親近感に期待することができるのです——何度も述べましたように、子どもたちのこの親近感は模倣を通じて培われます——。このようにして皆さんは、子どもたちが自らのバランス感覚を見いだせるようにと、そして将来、公正感覚をいわば自明のものとして自らの内に見いだせるようになるようにと、昼の側から、働きかけることができるのです。

恩寵《おんちょう》としての歩行能力——平衡感覚の役割

寂しげな‐沈みがちな子どもたちの場合には、運動感覚がよく鍛えられていないがために平衡感覚もまた乱されているということ、これは明らかです。また、落着きのない‐興奮しやすい子どもたちや、不安げに‐ためらいがちにしている子どもたちの場合にも、魂のバランスが問題になるでしょう。

しかし私の経験によれば、他の感覚の場合とは違って、平衡感覚に潜在的な障害がある子どもの「タイプ」をはっきり輪郭づけることはできません。さて、私たちはかなり長いこと平衡感覚について考えてきました。そしてその結果、明らかになったのは、天使は疑問の余地なく現存していて、子どもたちの身・魂へ働きかけているということ、平衡感覚はそのことを私たちに体験させてくれる感覚であるということでした。「整えつつ‐調和をもたらしつつ」、「輪郭づけつつ‐形成しつつ」、「解きほぐしつつ‐調整しつつ」という言葉、これらはそれぞれ、生命感覚、触覚、運動感覚への天使の働きかけを形容した言葉ですが、これらの言葉は、「光を浴びせつつ‐統合しつつ」働きかけている一つ、の高次の力、受肉プロセスに作用を及ぼし、魂のバランスを築いている一つの高次の力の、さまざまな相への働きかけの内実を表しています。子どもが自分を指して「私」と言い始めるなら、それは平衡感覚の働きが最初の段階に到ったということの証しですが、このことは同時に、生命感覚、触覚、運動感覚を育むべく密かに働いていた力が、今やその本質を現したということの証しでもあるのです。

　治療教育的観点から感覚論を基礎づけたパイオニア、カール・ケーニヒは、著書『子どもが三つになるまで[13]』のなかでこう述べています。平衡感覚を手に入れたことによって、「頭が、光へ向けて持ち上げられる。そして、光と重力との対照性が、まっすぐに立つ姿勢の内に表される。この新しい出来事は、ルドルフ・シュタイナーが『自我』と呼んだ要素、人間にのみ認められ、他の被造物には認められない要素に関連している。自我は、どの子どもにも歩行能力という恩寵を与える」と。この世に生まれてくるとき子どもたちは、天使の領域から私たちのもとへと、この「恩寵」を携えてやって来ます。そして、携えてきたその恩寵がどのようなものであったのかを確かめるために、夜毎そこへ帰っていくのです。では、このことが四つの基礎感覚とどのようにかかわっているのかを見てみましょう。まっすぐに立ち上がった自分の姿の内に自分自身を認める主体がなかったとしたなら、生命感覚も、触覚も、運動感覚も、意識の発達に対して何の意味も持ち得なかっただろうことは確かなことですし、ショイルレも述べています。平衡感覚は「身体的領域における最上級の世話役」である、と。また、「私たちに身体性を気づかせる運動感覚、触覚、生命感覚は、最終的にはシンメトリー感情や内的方向性を感じ取る特殊な感覚（平衡感覚）によって、いわば操られているのだ」と。まとめとして、ゲーベルの言葉を引用しましょう。「平衡感覚は自我が通り抜ける扉である。身体の内で目覚めている状態と身体から離れて眠っている状態とのあいだに繰り返されている、自らのリズムを体験するために、自我が通り抜ける扉である」

身体感覚を育むために必要なもの、なかでも運動感覚を育むために必要なものすべてを考慮することをとおして、私たちは子どもの平衡感覚を育んでやることができます。平衡感覚の潜在的な機能不全は、つねに身体感覚全体の機能不全を伴って現れます。ですからその際、顧慮しなければならないのは、主要な問題はどこにあるかということです。たとえば、小さな子どもが喜んで模倣しようとしないで、自分の殻のなかに閉じこもっているような場合には、その子の運動感覚に特に注意を向けなければなりません。反対に、強い関心を伴った創造的な模倣の代わりに、嫌々ながら従うような態度を長期にわたって、五～六歳に到るまで、かの頑固な反抗期もなく引きずっているように見受けられる場合、つまり就学期を迎える頃になっても、ほとんど何の違和感も持たずに周囲の世界に「もたれかかっている」ように見受けられる場合には、何にも増して触覚に注意を向けなければなりません。そしてさらに、模倣意欲はあるものの、その意欲が落着きのなさ、興奮しやすさによって絶えずじゃまされているように見受けられ、そのジタバタした落着きのなさが、口に入れた食べ物であれ、目や耳に入りこんでくる刺激であれ、身体にまで影響を及ぼしてくる外界の攻撃的な印象に対する、身・魂まるごとの抵抗であるように思われるなら、ここでもまた運動感覚と触覚に、そして何よりも、生命感覚に注意を向けなければなりません。

以上は例として挙げたにすぎませんが、とはいえこのような場合には、平衡感覚も巻き添えを食うことになるのです。主要な問題が子どもの平衡感覚自体にあるように思われるときには、つまり、無造作に放置されたり虐待を受けたりしたわけでもなく、むしろ好ましい環境が用意されていたのに、起き上がることも立ち上がることもまったく、あるいは、なかなかできず、歩き出すこともできずにいる子どもの場合には、それはたいてい中枢神経に損傷がある状態、あるいは人智学的に表現するなら、「人間存在を構成している高次の組織（自我とアストラル体）が、部分的に、身体に浸透できずにいる状態」にかかわっています。このような状態にある子どもには、治療教育的な観点から、四つの身体感覚を鍛える適切なプログラムを与えなければなりません。このことに関しては、先に挙げたディーター・シュルツの小冊子を参照してください。

魂のバランスと、自分の価値を認める感情

さて、先ほども述べましたが、生命感覚、触覚、運動感覚に鈍さが見られる子どもたちの場合とは違って、平衡感覚に潜在的な障害のある子どもの「タイプ」は、はっきり輪郭づけることはできません。私たちはここでまた、こう言うこともできるでしょう。「受肉プロセスにおけるどのような障害も、平衡感覚の機能不全を必然的に伴う」と。しかしたとえそうであっても、私たちはこう問うことができるでしょう。「私たちが学んできた、他の三つの基本的な障害と結びついている魂の不安定なバランスは、どのような結果をもたらすのだろうか?」と。そして、そのように問うのであれば私たちは、立ち上がるプロセスそのものに目を向けなければならなくなるでしょう。そう、「頭が、光へ向けて持ち上げられる」という、カール・ケーニヒの言葉に。ここには、自分自身を感じ取るということの内実についての、つまり昨今かまびすしく論議されてもいる、いわゆる「自分の価値を認める感情」に関する、極めて重要な事柄が述べられています。一般の心理学が「自分の価値を認める感情」と呼んでいるものは、いわばコスメティックに粉飾されているので、大概の場合、ほとんど役に立つことはないでしょうが、そこではそのモットーに従って、「毎日百回、自分に向かって語りかけなさい。『おまえはダメなやつなんかじゃない、もっと自分を信頼しろ』」ということになるのです。しかし、このようなことをもってしては、「魂のいとなみの内に放射する平衡感覚の作用」に働きかけること

はできません。「自らを霊として感じる」よう促すことにはなりません。

落着きのない－興奮しやすい子どもたち、不安げに－ためらいがちにしている子どもたち、そして、寂しげな－沈みがちな子どもたち、彼らは皆、魂の内で傷ついています。傷つき方はそれぞれに異なるにしても。さあ、彼らの傷つき方がどのように異なっていたか、皆さん、思い出してみてください。彼らは、自分は歓迎されていないのではないかと、あるいは、自分は見捨てられているのではないかと、あるいはまた、自分は仲間外れにされているのではないかと感じています。そして、そのように感じている子どもたちは皆、「持ち上げられた頭」をしっかり支えられずにいるために、暮らしのなかへとまっすぐ歩を進めることをためらっているのです。ですから、私たちの主要な課題は、私たちの教育的信念によって彼らを力づけてやらなければならない、ということです。私たちは彼らに示してやらなければなりません。私たちの寛大な評価、私たちの積極的な関心、そして、私たちの思いやりのこもった理解によって、彼らは全面的に護られているのだということを。

私たちは「光に貫かれている存在」として、魂空間のなかにまっすぐ立っています。私たちの内に自分の価値を認める感情が生まれるのは、私たちが「光に貫かれている存在」であるからこそのことですし、魂のいとなみにかかわっている腕と手の自由な動きを体験しているからこそのことです。このことは、身体感覚のいずれかに混乱が認められる子どもたちすべてに関連する事柄です。彼らは自分の行動能力に自信が持てずにいます。一つには心配から、二つには気おくれから、三つには理解の遅さから。ですから彼らは、何をやってもうまくいかないという諦めの感情を抱きがちで、それが彼らの重荷になっているのです。私たちは彼らの肩から、その重荷を降ろしてやらなければなりません。私たちが彼らにしてやらなければならないのは、自分の価値を認める感情のための前提として、いわば自分の手の形成力への信頼感を与えてやることなのです。これが、平衡感覚を育むための、したがってまた、身体感覚諸領域における混乱に調和をもたらすための、治療教育的基本モティーフなのです。

治療教育的基本モティーフから見れば明らかなのですが、教育の場に少なからず見受けられる大きな悪習は、思い通りに行動することができないがために諦めの感情を抱きがちな子どもたちを、まさにその思い通りにならない「不器用な」在り方に直面せざるを得ない状況に、繰り返し追い込んでいるということです。子どもたちが何事かに取り組んでいるときには、それがどんなに些細なことであっても、うまくいったら褒めてやり、あるいはまた、褒めてやれるような結果が得られるようにと、子どもたちを導いてやるべきなのです。これは幼稚園や学校でも、極めて教育的な働きかけとなるでしょう。うまくやっても最後までやり遂げても褒めてももらえず、また、途中で投げ出しそうになったり失敗しそうになったりしても手助けしてももらえずに、「諦めの早いやつだ、不器用なやつだ」などと、くどくど言い立てられたりしていたら、子どもたちはいったいどうすればよいのでしょう?「おまえは怠け者だ、わざとぐずぐずしているんじゃないのか? 頭が悪いんじゃないのか?」などと言い立てられていたら、それでなくても傷つきやすい魂は、本当に傷ついてしまいます。

悪意から故意にぐずぐずする子どもや、反抗のための反抗をする子どもなど、いるわけがありません。子どもは皆、すべてを上手にやりたがっています。上手にできたと認めてもらいたがっているのです。子どもたちを怠け者や反抗的なわからずやにしてしまうのは、私たちです。そう、自分のあり方を辛く感じている子どもたちを、さらに責め立てることによって。寂しげな‐沈みがちな子どもたち、彼らは、人々が彼らに何を望み何をさせたがっているのか、あまり理解できずにいるのです。にもかかわらず、さまざまな場面でひっきりなしに、「しつけの悪いやつだ、かわいげのない怠け者だ」などと疎んじられたり、優秀な生徒と比較されたりしなければならないのだとしたら、彼らはいったいどうすればよいのでしょうか？

　そのような子どもたちは、しばらくすると、笑い者にされないよう身構えるようになり、皆と一緒に遊ぶことを避けるようになるでしょう。子どもたちは皆それぞれ、自分の能力を見極めるための、自分だけの物差しを持っています。私たちがこうしたことを考慮するようになれば、いわゆる児童心理学の出番もずっと少なくなるでしょうし、破滅的な人生を迎えることになるかもしれない可能性も、ずっと少なくなるでしょう。

　犯罪歴、麻薬中毒歴、宗教的セクト歴の多くは、子ども時代の教育的な不寛容や愛情の欠如によって負った諦めの傷口が、長期に渡って繰り返し破られつづけたことに始まります。であるならば、ここでは当然、学校の在り方が大きく問われることになるでしょう。が、その際、私の、教育セラピスト・教育カウンセラーとしての職業的な体験からは、私たちが語り合ってきた三つのタイプの子どもたちとのかかわりに関して、ヴァルドルフ・シューレ（シュタイナー学校）の方が公立学校よりもずっと勝っているとは、残念ながら言うことはできません。とはいえ、学校というのではなく先生たちはどうなのかということになれば、私たちを勇気づけてくれる素晴らしい先生方に出会う機会は、やはりヴァルドルフ・シューレでの方が多い、とは言えるでしょう。

さて、学校の在り方が問われることになれば、早急に解決されなければならない問題が浮上します。いわゆる「標準外」と見なされる子どもたちの一般学級からの排除という、気の滅入る問題です。これはもちろん、個々の先生方に帰すべき問題ではなく、一学級の人数、学級運営に必要な助勢人員の配置、教員養成における治療教育科目の強化、教員養成全般の水準、授業計画の流動的な扱いなど、学校というものに関する根本的な考え方にかかわる問題です。こうした問題は早急に解決されなければなりません。なぜなら、特別の援助を必要とする子どもたちは将来ますます増えていくでしょうし、そのような子どもたちをすべて特殊学級や療育施設に送りこむことはできない（許されない）のです。というのも彼らは、いわゆる「障害者」の範疇には入りませんし、一般的かつ人間的な視点からしても、そう見なすわけにはいかないからです。言い換えましょう。学校は、望むと望むまいと、治療教育的な要素を併せ持った統合的学校へと発展していくことになるでしょう。そしてヴァルドルフ・シューレの運営が、ふさわしい構想のもとに、この留めようのない状況変化に遅れをとることがなければ、また、治療教育士と共に、先に立って警鐘を鳴らしていくことができれば、それはヴァルドルフ・シューレ運動にふさわしいものとなるでしょう。

まとめ――寂しげな‐沈みがちな子どもたちの指導に向けて

では、寂しげな‐沈みがちな子どもたちに関する考察のまとめとして、彼らが必要としている運動感覚‐平衡感覚‐複合体の育成のための要件を、もう一度、思い浮かべましょう。平衡感覚は、見てきましたように、下位感覚――これはご存知のように、基礎感覚、身体感覚、意志に近い感覚とも呼ばれています――領域全体に関連する、しかしなかでも特に運動感覚に結びついている、より上位の、包括的な役割を担っています。ゲーベルも「平衡感覚と運動感覚の機能は互いに密接に関連している。並存していると言ってもよいだろう。私たちは第一に、両者のこの密接な関連のなかに、必然的な相違を見いださなければならない」と述べています。私たちはまさに、このような問題意識のもとに語り合ってきたのでした。さて、この領域に関する基本的な要件、運動感覚と密接につながっている魂の内なるバランスを保てずにいる子どもたち、寂しげな‐沈みがちな子どもたちに関するキーワードを挙げるなら、それは以下のようになるでしょう。

―模倣
―ゆったりとした、内容の詰まった動作
―腕と手の自由な動き

—身ぶり（身体言語）への誘い
—バランス／シンメトリー感情と空間感情
—率直な分かりやすい言葉／朗誦／音楽
—状況把握を助ける説明
—実践的作業経過の秩序づけ
—日常的出来事への意識的な誘い
—教育的姿勢としての冷静な感情移入
—規範的な態度としての思いやりの心

おわりに ― 教育と倫理

落着きのない‐興奮しやすい子どもたち、不安げな‐ためらいがちな子どもたち、寂しげな‐沈みがちな子どもたち、彼らに安心感を与えつつ勇気づけてやれるのは、私たちの振舞の内に自ずと現れる、人間の尊厳に対する畏敬の念のほかにはありません。今日でもなお支配的な、いわゆる「基準」に重きを置く技術的・「飼育的」教育の代わりに、人間の尊厳に重きを置く教育が取って代わらなければなりません。人間の尊厳に対する畏敬の念、すなわちキリストによってもたらされた公正を求める感覚を、偏向した現代の思潮に追従して、不当な道徳性であるとする者は、人それぞれ、子どもたちそれぞれに異なる運命的な在り方に差別的に対応している現代の（最新の）教育を、いったいどう擁護するのでしょうか？ そのような者は、そもそも子どもの教育を共に語る資格があるのかどうか、自問してみなければならないでしょう。「現代人たるもの、寛容の姿勢、心配り、思いやりの心、公正感覚といった価値観にかかずらっているわけにはいかない」などと考えている者は、人間的な魂のいとなみに関する基本的な現象や関連を認識することも、物質主義的一面性を超えるよう促している発達心理学を手にすることもできないでしょう ――発達心理学に関しては冒頭で触れています――。

教師の権威を認めようとしない教育理念の持ち主たちは、子どもたちには「自己教育能力があるのだ」と強く主張していますし、限定的な考え方の持ち主たちは、子どもたちは私たちによってこそ「教育されるのだ」という単純な考えを主張しています。しかし教育は、まずもって、天上の源泉からその内実を汲み取っている天使の仕事なのですし、天使のその仕事が完成するのは、私たちが親として教育者として、あるいはまた治療教育家としてセラピストとして、その仕事をもっぱら補完的に充実させているからです。実際、子どもたちは皆それぞれに、自分の天使、「高次の自我」を有しています。天使たちは天上の世界から、特に危機的な状況に応じてというのではなく毎晩、子どもたちに助けの手をさしのべ、力づけ、慰めを与えてくれているのです。皆さん、天使のこの働きかけを意識的に受けとめ、夜のあいだにつくり上げられたものが昼のあいだに崩れてしまわないように心がけるなら、私たちは子どもたちの魂を奥底から勇気づけてやることができるのです。こうしたことこそが、これからの教育科学に向かうべき方向を指し示してくれる理念として、認知されるべきなのです。そう、社会に壊滅的な混乱を招かないようにするために。社会問題の解決は、子ども部屋や学級のなかにこそ見いだされます。そうではありませんか？

私たちはこの理念を、心の底から確信しなければなりません。子どもたちが置かれている状況は、「新しい精神性」とまじめに取り組むようにと、私たちを強く促しています。「新しい精神性」は、子どもに対する畏敬の念から、ある新しい人間性が生ずるところに始まります。私たちは、子どもたちは私たちをこそ尊敬すべきなのだという囚われた考えを捨てなければなりません。私たちは私たちの内に、子どもたちに対する、また、子どもたちをとおして顕れる天使の世界に対する、畏敬の念を呼び起こさなければなりません。そうすれば他の諸々は、自ずと互いに調和していくでしょう。これは簡単なことではありません。しかし皆さん、それは努力のしがいのあることなのです。

訳者から

私は現在、「感覚論」に関する二つの勉強会に参加しています。一つは『魂の扉・十二感覚』（私の訳 耕文舎）を、もう一つは本書のゲラをテキストとした勉強会です。

私事ではありますが、そもそも私が「感覚論」に関心を持つようになったのは、現代という時代に生を受けた青少年が置かれている教育的・社会的状況が、彼らの感覚に看過することのできない過大な負担を負わせているのではないかという思いを抱いたからです。そう思わざるを得ない出来事が立て続けに報道されもし、身近なところで見聞きもしたからです。そして私のその思いは、上記の二冊を翻訳するなかで、また、上記の勉強会を進めていくなかで、大きく膨らんでいきました。

小さな子どもも、少年も、青年も、私たち大人も、メディアが撒き散らしている騒音、騒色をはじめとするさまざまな夾雑物によって、直接的な、豊かな感覚体験を奪われています。これは実際、危惧すべきことではないでしょうか？しかし私たちは、まさに状況に無防備に晒されている小さな子どもたちの感覚の世界に、特に関心を向けなければならないのではないでしょうか？重ねられていく知覚体験が猥雑な、貧しいものであれば、その体験を受けとめている意識もまた乱され、貧しいものになるのは当然のことなのですから。

感覚の世界で生起している事柄、つまり、知覚されたものが身・魂に及ぼす影響は、あたりまえのことですが、目で見ることができないものが大半です。たとえば、アトピーが発症すれば肌着に気をつけることはできます。しかしそれができるのは、まさにアトピーが発症したからです。知らないうちに次第しだいに蓄積されてきたものが、やっと目に見えるようになったからです。アトピーは極めて辛い体験であるようですが、それでもそこでは、原因や処方を見つけ出そうとすることができます。では対人関係のなかに「事件」が発生したらどうでしょう？あるいは、対人関係すら持てないような状況に陥ってしまったとしたら？こうした事柄を一元的に「還元」しつつ「解釈」するのは危険ですが、それでも、そこにもやはり、人知れず潜行してきた何らかのプロセスがあるのではないでしょうか？そうです。意識の世界で、意識とかかわる感覚の世界で、潜行してきた何らかのプロセスが？

２００２年　石井秀治

後注

1 Henning Köhler, Pädagogische Sinneslehre Teil I und II, Verlag Netzwerk Auditorium.

ヘニング・ケーラー『教育的感覚論』私（著者）はこのテーマについて、まだ完全に取り組めていません。言葉で説明することの限界に行き当たりますので、ここでは詩的な表現にとどめておきたいと思います。聞き手はそのことが分かってくるでしょう。

2 参照：

Georg Kühlewind: Sternkinder (Stuttgart 2001), Henning Köhler: Was haben wir nur falsch gemacht? (Stuttgart 2000), sowie War Michel aus Lönneberga aufmerksamkeitsgestört? (Stuttgart 2002), Verlag Freies Geistsleben.Jedes Kind hat das Recht, so zu sein,wie es ist (Schriftenreihe «Recht auf Kindheit», Vereinigung der Waldorfkindergärten 2001). Ferner Beiträge von Georg Kühlewind und Henning Köhler in der Wochenschrift Das Goetheanum 11/2001 und die anschließende Debatte.

ゲオルグ・キューレヴィント『星の子どもたち』2001、ヘニング・ケーラー『私たちは何を間違えたのか?』2000、『レーネベルガのミヒャエルは注意力障害だったのか?』2002、以上、Freies Geistsleben 出版。『すべての子どもたちには、その子がその子らしくいる権利がある』論説集《子ども時代の権利》ヴァルドルフ幼稚園連盟2001。ゲオルグ・キューレヴィントとヘニング・ケーラーの論説とその後の討論 季刊誌ゲーテアヌム 11/2001。

3 Michaela Glöckler: Elternsprechstunde, Stuttgart 3. Auflage 1993.

4 Rudolf Steiner: Die Erziehungsfrage als soziale Frage,GA 296.
今井重孝訳『社会問題としての教育問題』イザラ書房、2017。

5 Themen aus dem Gesamtwerk, Band 3, «Zur Sinneslehre»

6 Hans Jürgen Scheurle: Die Gesamtsinnesorganisation. Überwindung der Subjekt-Objekt-Spaltung in der Sinneslehre, Stuttgart, 2. Auflage 1984.

7 Rudolf Steiner:Allgemeine Menschenkunde als Grundlage der Pädagogik, GA 293, Dornach 9. Auflage 1992.
新田義之訳『教育の基礎としての一般人間学』イザラ書房、2003。

8 Dieter Schulz: Frühförderung in der Heilpädagogik, Stuttgart 1991.

9 Christoph Lindenberg (Hrsg.): Rudolf Steiner, Themen aus dem Gesamtwerk: Zur Sinneslehre, Stuttgart 5. Auflage 2004.

10 Karl König: Die ersten drei Jahre des Kindes, Stuttgart 1957/2013.
そのだ としこ訳『子どもが３つになるまでに』パロル舎、1998。

11 Rudolf Steiner:Die pädagogische Praxis vom Gesichtspunkte geisteswissenschaftlicher Menschenerkenntnis, GA 306, Dornach 4. Auflage 1989.
西川隆範訳『シュタイナー教育の実践』イザラ書房、1994。

12 Thomas Göbel: Die Quellen der Kunst, Dornach 1982.

13 Karl König: Die ersten drei Jahre des Kindes, Stuttgart 1957/2013.

参考文献

Michaela Glöckler: Elternsprechstunde, Stuttgart 3. Auflage 1993.

Thomas Göbel: Die Quellen der Kunst, Dornach 1982.

Roswitha Heimann: Der Rhythmus und seine Bedeutung für die Heilpädagogik, Stuttgart 1989.

Henning Köhler: Vom Rätsel der Angst, Stuttgart 4. Auflage 2007.

Ders.: Jugend im Zwiespalt, Stuttgart 7. Auflage 2009.

Karl König: Die ersten drei Jahre des Kindes, Stuttgart 1957/2013.

Ders.: Sinnesentwicklung und Leiberfahrung, Stuttgart 3. Auflage 1986

Christoph Lindenberg (Hrsg.): Rudolf Steiner, Themen aus dem Gesamtwerk: Zur Sinneslehre, Stuttgart 5. Auflage 2004.

Hans Jürgen Scheurle: Die Gesamtsinnesorganisation. Überwindung der Subjekt-Objekt-Spaltung in der Sinneslehre, Stuttgart, 2. Auflage 1984.

Dieter Schulz: Frühförderung in der Heilpädagogik, Stuttgart 1991.

Rudolf Steiner: Die geistig-seelischen Grundkräfte der Erziehungskunst, GA305, Dornach 3. Auflage 1991.

Ders.: Allgemeine Menschenkunde als Grundlage der Pädagogik, GA 293, Dornach 9. Auflage 1992.

Ders.: Anthroposophie, ein Fragment, GA 45, Dornach 5. Auflage 2009.

Ders.: Die pädagogische Praxis vom Gesichtspunkte geisteswissenschaftlicher Menschenerkenntnis, GA 306, Dornach 4. Auflage 1989.

ヘニング・ケーラー Henning Köhler

（1951 ～ 2021）子どものセラピスト、教育カウンセラー。教職に就いた後、家庭教育、少人数クラス担任、臨床治療教諭、独立青少年指導に携わる。治療的教師として活動する傍ら、ドイツ国内外で幅広く講演活動を行う。フルベルトゥス社会教育学アカデミーとヤヌシュ・コルチャック研究所の共同設立者でもある。

石井秀治

1946 年生まれ。東京藝術大学美術学部彫刻科中退。ドイツ、ヴィッテンのヴァルドルフ教員養成コースにて学ぶ。訳書に、J. ボッケミュル『植物の形成運動』、W. ホルツアップフェル『体と意識をつなぐ四つの臓器』、A. ズスマン『魂の扉・十二感覚』、E. マルティー『四つのエーテル』他。耕文舎主宰。

シュタイナーの感覚論にもとづく発達心理学の観点から

不安げな子・寂しげな子・落着きのない子のために

発行日	2023 年 9 月 25 日　初版第一刷発行
	2023 年 10 月 25 日　第二刷発行
著　者	ヘニング・ケーラー
翻　訳	石井秀治
協　力	小林國力、井手芳弘、村上 進、松浦 園
装　丁	赤羽なつみ
表紙画	吉澤明子
発行者	村上京子
発行所	株式会社イザラ書房
	〒 369-0305　埼玉県児玉郡上里町神保原町 569 番地
	Tel. 0495-33-9216　Fax. 047-751-9226
	mail@izara.co.jp　https://www.izara.co.jp
印　刷	株式会社大村紙業

ISBN：978-4-7565-0158-5　C0037